1日20分

しなやかで強い心になる
メンタルトレーニング

ストレス&プレッシャーに打ち克つ!

スポーツカウンセラー
高橋慶治

かんき出版

はじめに

誰でもメンタルタフネスは高められる

先日、ある大手メーカーのメンタルタフネス研修に出かける前、テレビをつけていると、ある選手がメジャーリーグで活躍しているのを見ました。また、その翌週、今度はあるオリンピック選手の金メダリストの成功秘話のような特集をしていました。

彼らはかつて私がメンタルタフネスやメンタルトレーニングといわれる考え、スキルを教えた数多くの選手の中の2人です。過去に私が教え伝えたことが彼らの活躍に貢献しているのかと、うれしく感じました。

ある日、以前メンタルタフネスやコーチングなどで指導していたことがあるJリーグのトレーナーから突然に電話があったのです。

「高橋さん、プロ野球のあるチームの選手がスランプらしいとかでメンタル面の相談をしたいと言われて連絡したんですが。話だけでも聞いてあげてください。その球団のトレーナーから連絡してもらいます」

「わかりました。それで、そのチームと選手の名前は？」

そう答えて、選手の名前を聞いてみると、球団のスター選手でした。

そこで、その選手のメンタル指導を引き受け、彼に会って話しを聞いてみると実際にスランプのようでした。結果としての数字も悪く、精神的にもまいっていたのです。

私は、心から彼の悩みや問題を聴き、いくつかの簡単な方法を指導しました。それから、引き受けた1ヵ月半ほどから彼の調子は良くなり、数字としての結果もついてきたのです。その年、年俸が1億円を超えたといいます。

それからは、個人記録も達成するまでになりました。彼は現在、夢であったメジャーリーガーになって、驚くほどの報酬を得ています。私が、彼にした指導は、次の3つ。

① 瞑想

② セルフトーク

③ 自己開発ノート

さて、一流といわれるスポーツ選手の例を紹介しましたが、誰でもメンタルタフネスは高めることができます。当然、良い指導者やメンタルなコーチがいれば効果は早く得られるでしょう。

しかし、あなた1人でも今日から、わずかな時間とコスト（ノート一冊くらいの費用）で、すぐさま始めることができるのです。それはとても簡単なテクニックでもあります。

しかも1日20分の時間を使うことからできるのです。もしあなたが1ヵ月間この20分を継続したら、確実に変化に気づくでしょう。

「継続は力」ということはメンタルトレーニングについても同じです。簡単なテクニックや方法こそ、継続的に行うことで力を発揮するようになるのです。

その進歩もスモールステップ、つまり小さな歩みでの進歩がほとんどでしょう。しかし、ときには劇的に変化を感じるときもあります。

それは、気が熟していたとか、変わるべき準備があなたにできていたためだと思います。あなたが20分を半年間継続したら大きな変化を体験しているはずです。

さらに1年続けたら、あなたの人生が大きく良い方向に変わってきていることをきっと体験しているはずです。メンタルタフネスをぜひ高めてみてください。

本書の執筆に当たっては、さまざまな良い刺激を与えてくれるヒューマックスの木村孝氏と藤田完二氏、1年間困難を共にした仲間、笹井唯史氏、永野恵三氏、小松南氏、そして編集者の今村富士雄氏に心から感謝の意を表しておきます。

2008年10月

高橋慶治

基本テクニック

毎日の実践！　基本スキル

STEP 3

1日15分の
瞑想トレーニング

・リラクゼーション法
・受動的意識状態になる「ベンソン法」
・キーワード「ナ・ダーム」瞑想

STEP 4

1日5分のセルフトークと
自己開発ノート

・瞑想時のセルフトーク
・肯定的宣言と自己開発ノート
・3行日記

応用テクニック

思い出したときに必要に応じて行う

STEP 6

考え方･態度を建設的にして
自分を改善していく

STEP 7

心のゆがみを修正し
人間関係をよくしていく

心の力の秘密＝メンタルタフネスの要素

STEP 1

**心をしなやかで
強靭にする力を
多面的に掘り起こす**

STEP 2

**心身をコントロールして
自分らしさを存分に
発揮する**

基本テクニック

期間を決めて実践！　基本行動法

STEP 5

意図的・習慣的・計画的に
工夫して行動を変えていく

- 修正行動法
- 紙に目標を書く
- 絵に描いて言葉で読む
- 望ましい状態をイメージする
- 3つのRを生活に取り込む

瞑想トレーニングとセルフトーク

瞑想

眼を閉じて想念を集中

◎習慣的に行うことで頭脳が明敏になる
◎人格が改善され、人間的成長が助けられる
◎心が穏やかになり落ち込みにくくなる

セルフトーク＝自分の心の声

感情や気持ちをコントロールしてセルフトークを建設的な行動に向かうようにする

セルフトーク　「大丈夫！やればできる」

感情＝自信、集中
行動＝能力発揮

「しなやかで強い心になるメンタルトレーニング」もくじ

はじめに

STEP 1 心をしなやかで強靭にする力を多面的に掘り起こす

STEP 2
心身をコントロールして自分らしさを存分に発揮する

STEP 3

基本スキル・1日15分の瞑想トレーニング

STEP 4

基本スキル・1日5分のセルフトークと自己開発ノート

STEP 5

意図的・習慣的・計画的に工夫して行動を変えていく

STEP 6
考え方・態度を建設的にして自分を改善していく

STEP 7 心のゆがみを修正し人間関係をよくしていく

本文・図版デザイン／(株)クロス
カバーデザイン／松本　桂
カバーイラスト／浅羽壮一郎

STEP 1

心をしなやかで強靭にする力を多面的に掘り起こす

メンタルタフネスとはどういうことか。
メンタルタフネスを支えるメンタルな要素にはどのようなものがあるかを考えよう。

1　困難を乗り越え、人間的に成長するには
　しなやかで強靭な心が欠かせない

2　自分の心に眠る「14のメンタル要素」に
　積極的にアプローチしよう

3　「プラス思考」で「自信」と「意欲」がないと
　実力を十分に出せない

4　「価値観」「知的興味」による「目標」設定が
　行動の推進力になる

5　「愛着」「情緒安定性」「非ストレス状況」が備わって
　困難にも立ち向かえる

1 困難を乗り越え、人間的に成長するにはしなやかで強靭な心が欠かせない

人間の脳は、コンピューターにたとえて考えることができます。脳をハードウェアにたとえるなら、ＯＳ（基本ソフト）は脳の使用マニュアルといってもよいでしょう。ある意味で、これから述べるメンタルのスキルは、超高性能の脳コンピューターの使用マニュアルといえます。

メンタルに強くなりたい、タフになりたい、心をもっと強くしたい、と相談を受けることがあります。心を強くするということはどういうことでしょう。何のために強くするのでしょう。なぜ強くなければならないのでしょうか。一般には、

・したいことがあるのに不安ですることができない
・嫌なことがあったり、うまくいかないと、すぐ心がくじけてしまう
・些細なことで悩み込んでしまう
・ストレスで体調を崩しやすい
・プレッシャーにより頑張ることができない

といったことがあると心が弱い、もっと強くなりたいと思うのではないでしょうか。

しかし、これらのような弱さは、程度の差こそあれ誰でもあることです。大きなストレスがあれば、誰でも悩んだりくじけたりしてしまうものです。

心が強いと思われる人は、

・不必要なことで悩まない

・ある程度のストレスには耐えて、したいこと、すべきことを成し遂げる

・うまくストレスに対処して嫌なこと、困難なことを乗り越えていける

のです。人生において嫌なこと、困難なことがなければ何てすばらしいと考えるかも知れません。しかし、人生に困難や障害はつきものです。言い方を変えれば、私たちは困難や障害を乗り越えることで人間的に成長や成熟を得ていくともいえるでしょう。

かといって困難や障害が多過ぎたり、立て続けに起きてしまっては、まいってしまいます。現在はいわゆるストレス社会だといわれています。また、多様な価値観やＩＴによる情報過多の時代です。

価値観が多様化すればするほど、生きていくことが難しくなるといえます。なぜなら「価値観の多様化」とは、「選択肢の多様化」でもあるからです。選択肢が多くなればなるほど迷いは増え、間違った選択だったと後悔することも多くなるのは当然です。人生の選択肢が多

くなったのです

現代人のストレスに対する特徴のひとつは、ストレスが「身体化」、あるいは「行動化」されやすいということがいわれています。「身体化」とは、下痢、腹痛、頭痛、発熱、アレルギー症状など、心の問題を身体症状として現わすことです。

「行動化」とは、いじめ、暴力行為、リストカット、何かに依存する、依存するといった健康な日常生活や社会生活に支障をきたすようなゆがんだ形の行動によって、心のバランスを回復させようと試みることです。

悩みを心の悩みとして悩むことができる人は、人格がそれだけ成熟しているといえます。未熟な人格では、心で悩み続けることもできません。つまり、現代人は、心で悩むことが苦手で、身体化や行動化しやすくなっているといえるのではないでしょうか。

身体化や行動化せずに心で悩み続けることができることは大事な点です。しかし、それだけでは心の健康の保持・増進を図り、イキイキと生活したり、自分の可能性を十分発揮したりすることはできません。

ストレスにうまく対処して心の健康の保持・増進を図り、社会生活の中で自分の力を発揮し、イキイキと生きる能力である「メンタルタフネス」を身につけることが大切になるのです。

メンタルタフネスとは「しなやかで強靭な心（人格）」といえるでしょう。

心が強い人「メンタルタフネス」になろう

心が強い人の心理状態

- 身体（筋肉）は
  リラックスしている
- 落ち着いていて冷静
- 不安がない
- 自信に満ちている
- 注意力が鋭い
- 自己コントロールが
  できている
- 集中している
- エネルギッシュ
- 楽観的で前向き
- とても楽しんでいる
- 無理に努力している
  感じがない
- 自然にプレーしている

など

実力を最大限に発揮できる!

しなやかで強靭な心

2 自分の心に眠る「14のメンタル要素」に積極的にアプローチしよう

スポーツの分野で多くの一流選手たちは、ものすごいプレッシャーがかかるであろうという大舞台で、神がかりのようなファインプレーを演じたり、絶望的とも思える不利な状況から劇的な逆転劇を演じたりします。普通の選手であれば、体が震えるような勝負そのものを心底楽しんでいるようにさえ見えます。

スポーツ心理学者たちは、そうした多くの優れた選手たちを対象とした調査結果から、彼らの競技能力が最大限に発揮される、特別な心理状態があることをつきとめています。

メンタルタフネスとは、自分の実力を最大限に発揮できるそうした理想的な心理状態を生み出す心の働きといえます。

そうした理想的な心理状態は意図的につくることができ、日々のトレーニングを通して獲得することが可能であるとされています。つまり、

メンタルタフネスとは、誰にでも習得可能な「技術」であって、運動の技術や体力と同様に、トレーニング次第で強化できるものだとみなされているのです。それは競技場面に限らず、

生き生きと日常を生きる上でも役立ちます。

私は、20年以上も脳力開発や自己開発、スポーツやビジネス分野でのメンタルタフネスを指導してきました。そして、多くの人（自分自身も含めて）がメンタルタフネスを高めて、さまざまな成果を得てきたことを目の当たりにしてきたのです。

私の経験からもメンタルタフネスは誰でも、程度の差はあるものの高めることができるものと思います。

私は以前、高いパフォーマンスをあげるスポーツ選手がどのような心理特性をもっているかある大学の先生と調査したことがあります。数百名の選手にアンケート調査や面接調査をして、強い選手にはどんな「心の力の秘密」があるのか探り出そうとしたのです。

高校生から金メダリスト、世界チャンピオンにいたるまで対象にしました。そして、選手専用のメンタルタフネス度を図る心理テスト作りました。その結果、強い選手のメンタルな要素をいくつかに分けることができました。

私の体験からは、スポーツ選手と一般の私たちには違いはあるものの、基本的には何か課題を達成したり、目標を実現するには同じような要素が求められると思います。さて、そのメンタル要素を上げてみましょう。

・プラス思考

- 自信
- 意欲
- 価値観
- 知的興味
- 目標に対する意識
- 情緒安定性
- 愛着
- 身体的非ストレス状況
- 身体的安定
- 自己表現力
- イメージ力
- 自己コントロール
- ストレス耐性

誰の心にでも眠っている力の秘密が、これらのメンタル要素です。心をしなやかで強靭にするには、これらの要素にアプローチし、力を掘り起こさなければなりません。

以下、14のメンタル要素について説明していきます。

▶ 心の力の秘密を掘り起こす

心の強い人の「力の秘密」

● 課題を達成したり目標を実現するには、メンタル要素を強化しなければならない

3 「プラス思考」で「自信」と「意欲」がないと実力を十分に出せない

米国の大学の調査研究では、悲観主義者の特徴は、悪い事態は長く続き、自分は何をやってもうまくいかないだろうし、それは自分が悪いからと考えるということです。逆に楽観主義者は、悲観主義者と同じような不運に見舞われても、正反対の見方をするのです。失敗や障害は一時的なもので、その挫折は自分のせいではなく、その時の場所とか、タイミングが悪かったとか、他の人がもたらしたものと考えます。

悲観主義者のほうがあきらめは早く、楽観主義者のほうが学校でも仕事でもスポーツの分野でも良い成績をあげるということです。

肯定的で積極的な「プラス思考」を身につける練習をしましょう。それによって、自分のエネルギーのパワーアップができます。

・「必ずできる」とくりかえしつぶやき続けると、本当にできるような気がしてくる

・「仕事を楽しんでいる」「自分はねばり強い人間だ」と自分に言い聞かせ続ける

のです。すると、仕事に挑戦する意欲が湧いてきます。

私たちは「自信がない」という表現をよく使いますが、これはどういうことでしょう。自信がないとは「何かをしたい、すべきなのだけれど、それが自分にはできると考えられない」ということかもしれません。

「自信」とは、自分自身の価値や能力を信ずること、自分で自分の言動や主義を疑わないことです。能力がなければ能力に関して自分を信じることは難しいでしょう。したがって自信をもつためには、自分の能力や可能性を高めるために努力や準備をして確信を強めなければなりません。

自信があると物事はうまくいき、前向きに行動することも可能になります。ところが、過信すると失敗が多く、またその失敗を他人やほかの物事のせいにするようになります。過信とは、自分のもつ実力以上のことができると信じ込むことです。

それでも、優れた選手や仕事などで成功する人はやや自信過剰気味の傾向があるといいます。自分を都合のよい方向に歪めてとらえる傾向があるというのです。

これが行き過ぎると天狗になり、明らかな自分の弱みを見ようともせず、他者からフィードバックやアドバイスを聞き入れず独りよがりになってしまうこともあります。

日本代表クラスのスポーツ選手でセンスや才能があって将来が期待されていても、あまりにも独りよがりになり過ぎて、周囲からのサポートも受けられなくなったり、伸び悩んで消えていってしまった事例も、私は少なからず見ています。

ですから、大切なことは、自分の実力をしっかりと正しく知ることです。それにより、天狗になるほどに自分を過信するということがなくなります。

物事を成し遂げるには、それが困難であればあるほど「意欲」が求められます。意欲はモチベーションとほぼ同じ意味です。日本語にすると「動機づけ」となり、人を行動へ駆り立て、目標へ向かわせるようなプロセスといった意味です。

モチベーションとは、何かを欲求して動かす（される）ことで、目標（ターゲット）を認識し、それを獲得し実現するために、方向づけたり行動したりすることです。実現したい、実現できるという期待に支えられた願望や欲求といってもよいでしょう。

・モチベーションは願望や欲求をともなう

・モチベーションは信じることや確信をともなう

・モチベーションは予期をともなった行動により現実化に向かう

予期が得られると、困難な状況でも実現や達成が「できそうな気がする」と感じ不安が生まれません。予期をともなうと高いモチベーションを実感するというより、自然に努力や実現のための行動が当たり前のように行えるのです。

▶ プラス思考、自信、意欲をもとう

プラス思考 【心を強くするメンタル要素】

・否定的に考えない
・失敗や障害は一時的なもの
・その挫折は自分のせいではない
・その時の場所やタイミングが悪かった
・失敗や挫折は試練だ

自信 【心を強くするメンタル要素】

・前向きに自分に自信をもつ
・自分の価値や能力を信じる
・自分の言動や主義を疑わない
・自分の能力や可能性を高める
・努力や準備をして確信を強める

意欲 【心を強くするメンタル要素】

・自分の願望や欲求が何かを理解する
・願望や欲求の実現や達成を信じる
・予期をともなった行動をする

4 「価値観」「知的興味」による「目標」設定が行動の推進力になる

すぐれた選手の多くは、自分がその競技を行っていることは大切なこと、意味があり、「価値」あることを感じています。競技は価値があり大切なことなので、努力や困難に立ち向かうことでもやりがいや生きがいを感じるでしょうし、喜びや満足も大きいのです。

また、価値があり大切なことならば簡単にあきらめず、困難や試練に耐えてもやり続ける意味が生まれてくるのです。さらに優れた選手は、屈辱の敗退、ケガや病気、困難や試練に出会うことにさえ意味を見い出したりします。選手の競技以外でも同様なことがいえるでしょう。

人生や仕事、または今抱えている課題に対する価値観をしっかりともつことが大切なのです。

アルバート・アインシュタインはかつてこう言いました。「自分自身の人生を無意味に思う人は、不幸であるばかりか、生き抜く力も湧いてこない」と。

ナチスの強制収容所アウシュビッツを生き抜いた心理学者のフランクルは言います。人の主要な関心事は快楽を探すことでも苦痛を軽減することでもなく、「人生の意味を見い出すこと」であると。真に精神的に強い人は、たとえ困難や不幸の中にさえ「人生の意味」を見い出すことができるのです。

強い選手は、どうしたらもっと上達するか、何が問題か、どうしたら強くなれるか、どうしたら勝てるようになるかについての「知的関心が高い」という傾向がみられます。

つまり、競技に関する問題に出会ったときに、情報収集して何をなすべきか計画立案できる知的関心あるということです。

これを私たちに当てはめると、たとえば問題に出会ったとき、すでに経験した人から話を聞いて参考にするとか、詳しい人から自分に必要な情報を収集するとか、関連する書籍を探して読んでみるとか、セミナーや勉強会に出るなどでしょう。

問題の原因を検討し、どのようにしていくべきかを考えたり、過ぎたことの反省をふまえて、次にすべきことを考えるとか、どのような対策を取るべきか綿密に考えることができるかどうかです。

何が問題なのか、どうしたら解決に近づくのか、そのために必要な知識や情報、スキルや支援について関心をもって、それらを得ることが問題解決につながるのです。

やみくもに努力すればいいとかではなく、目的達成のため問題・課題を発見し、その解決のために情報を収集し、それを組み立てて解決策をつくり、目標を設定し、実行の手順を決めて展開することが大事ということです。

「目標に対する意識」や目標設定の重要さは、あらゆる自己開発や脳力開発の書籍やセミナーでいわれてきています。スポーツの分野でも目標をもつことの重要性は常識になっています。

私はオリンピック委員会でメンタルトレーニングを指導していた頃、柔道の金メダリストのヤワラちゃんこと谷亮子選手が中学校時代から部屋に「歴史は勝者のみを記録に残す!」と張り紙をし、毎日声を出して読み上げていたという話を聞きたことがあります。彼女はその通り、平成の歴史に残るような選手になっています。

目標を設定しても忘れてしまってはダメなのです。調査でわかったことは、優秀な選手はいつでも自分の目標を意識しているのです。目標をもたないということは、行き先も決めずに旅をしているようなものです。

自分にとって大切な価値にもとづく目標(価値ある目標)を設定することは、私たちの行動の原動力・推進力になるのです。

それらを絶えず意識することが大事なのです。

▶ 価値観、知的興味、目標意識を忘れない

価値観　【心を強くするメンタル要素】

・人生に意味を見出す
・何かあるものに向かって生きていく

知的興味　【心を強くするメンタル要素】

・問題の原因を検討する
・解決策を考える
・目的達成のための課題を発見する

目標に対する意識　【心を強くするメンタル要素】

・いつでも自分の目標を意識する
・目標設定を行動の推進力にする
・行き当たりばったりに進まない

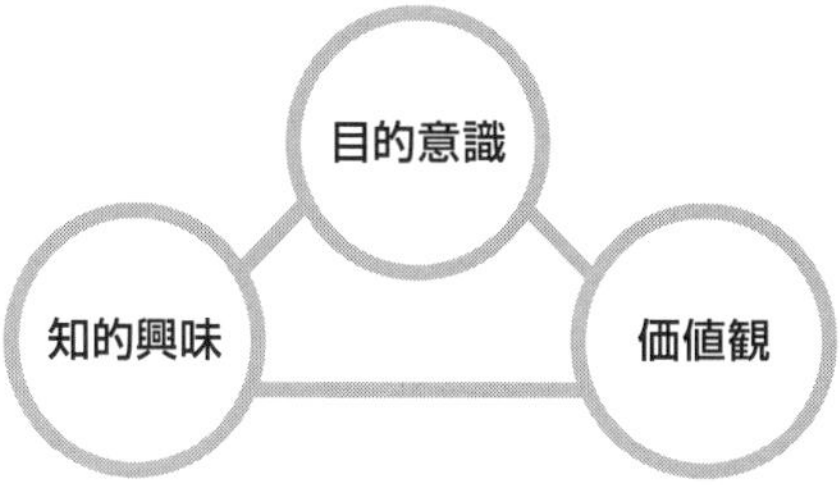

5 「愛着」「情緒安定性」「非ストレス状況」が備わって困難にも立ち向かえる

「情緒安定性」という言葉よりも、情緒不安定という言葉の方に聞き覚えがあるかもしれません。情緒不安定とは、喜怒哀楽の感情を自分でコントロールできない状態です。ちょっとしたことで急にイライラしたり、また喜び出してテンションが上がりまくったりします。また不安な気持ちや悲しい気持が強くなったり弱くなったりします。

これが激しくなると情緒の浮き沈みの激しさに翻弄され、課題達成のためのモチベーションや努力に悪影響を与え、さらには日常生活に支障をきたすことさえ出てきます。

スポーツ選手ならば当然、不安定な気持で高い集中力を発揮することはできないでしょう。さらに落ち着きがなければ、自分の置かれている現状をより客観的に把握したり、試合の流れを読んだり、相手の弱点なども見抜くことは難しいでしょう。

私たちにも同様なことがいえます。気持ちがすぐ乱れてしまっては、困難なことに立ち向かっていこうとしても、少しのつまずきで心がくじけてしまいます。

情緒不安定だと人間関係をうまく作ったり、維持していくことが難しいのです。情緒安

定性は、目標達成や課題解決のための大切な要素になります。

情緒安定性を高めるには、後述するように瞑想やリラックス訓練が非常に役立ちます。「好きこそものの上手なれ」ということわざがあります。いくら努力しようと思っても、嫌々やるのではうまくならないし進歩もしません。ところが、好きなことだとおもしろくて、一生懸命にやるから、うまくなってくるし、進歩も早い。やはり好きになること、「愛着」は非常に大切だということです。

成果を出す選手には、その競技を見るのも考えるのも行うのも大好きという選手がいます。その競技の大ファンで、ある意味オタクといってもよいくらいなのです。**楽しみながら戦っているので、プレッシャーという意識があまりないようなのです。**

それでは好きでない仕事をしているときはどうなのでしょう。好きでもない仕事だから楽しむことなんてまったくもって無理なのでしょうか。そうとは限らないと思います。どのような仕事でもその中からやりがいや楽しさを見つけ出せると思うのです。それを見つけ出そうと思うならですが。

ちょっとしたストレスが体調不良になって現われやすい人がいます。そういう傾向を「ストレスの身体化」といいます。何か問題や嫌なことがあると頭痛になったり、胃が痛くなったり、下痢をしたりすることは少なからずあることです。ストレスで自律神経のバランスを崩して体調不良になってしまうのです。

古くから「胃腸は心の鏡」「断腸の思い」「はらわたが煮え返る」などの胃腸に関係する言葉があります。胃腸に関しては、心身相関ということが体験的に知られていて、このような言葉が使われるようになったのでしょう。「身体的非ストレス状況」というのは、ストレスの身体化が起こりにくいということです。

心が身体に影響を与えると同じように身体も心に影響を与えます。日常の経験でも、胃腸の調子が悪ければ、イライラしたり、憂うつになったり、仕事や勉強に集中できなかったりします。そしてまた、そのような心の状態が胃腸に影響を及ぼすという悪循環に陥ってしまうこともあるのです。

これが常態化すると、いわゆる心身症と呼ばれるのです。心身症になりやすい人は、怒りや不安、不満などの自分の本当の感情を無意識に抑えこみ、周囲の期待に応えるために過剰な努力を払う傾向にあります。また、自分の内面で起きている感情の変化に気づきにくく、それを無視して行動する人もいます。こうした傾向は心身の過労やストレスに陥りやすいため、自分の内側に意識を向け、素直に気持ちを表現する工夫が大切になります。

▶ 情緒安定性、愛着、身体的非ストレス状況を大切にする

情緒安定性【心を強くするメンタル要素】

・気持ちがつねに一定している

・落ち着いている

・心が乱れない

愛着【心を強くするメンタル要素】

・好きになる気持ちが強い

・ファンである

・楽しみながら取り組む

身体的非ストレス状況【心を強くするメンタル要素】

・ストレスが身体に現れにくい

・心身症になりにくい

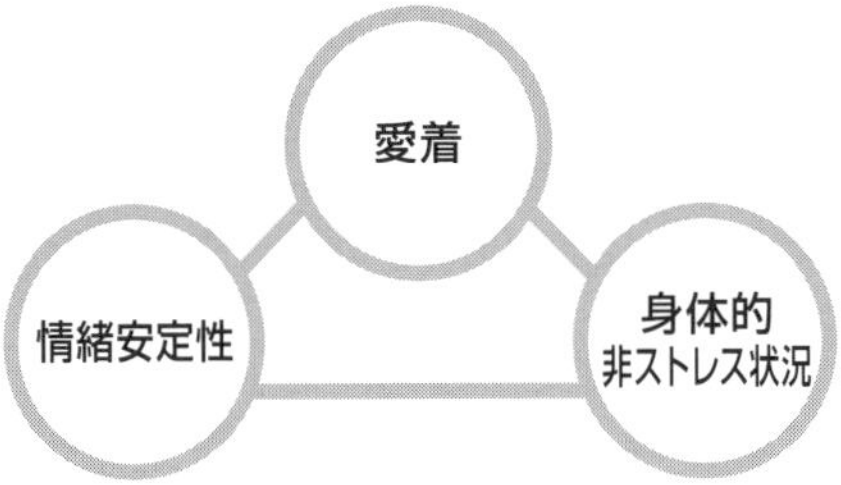

STEP
2

心身をコントロールして自分らしさを存分に発揮する

ＳＴＥＰ１に引き続いて、
心を強靭でしなやかにするメンタルな要素には
どのようなものがあるかについて紹介する。

1　心地よい緊張による「身体的安定」が意欲を引き出して集中力を高める

2　主張性の欠如によりストレスは倍加させないように「自己表現力」を高める

3　「イメージ力」を良い方向に使えると実際の練習と同じぐらい効果がある

4　「自己コントロール」で自分の姿を正確にとらえ「ストレス耐性」を養う

1 心地よい緊張による「身体的安定」が意欲を引き出して集中力を高める

心を強くするには、プレッシャーやここ一番という大事な場面で心臓がドキドキしたり足がふるえたりしないことです。これを「身体的安定」といいます。

研修でスピーチやプレゼンテーションの実習をするとき「自分はあがり症なんです」と多くの人がいいます。中には本当に手足のふるえがはっきり見えたり、見るからに緊張して話せなくなる人もいます。

緊張状態の表現としては、あがり、赤面、対人恐怖、ふるえ、書痙《しょけい》（人前で字を書く時に手がふるえる）、電話恐怖、会食不能（人と一緒に食事できない、外食できない）、動悸などがあります。

緊張しないようにと意識すれば意識するほど、かえって緊張してしまうこともよくあります。さらには過去の緊張してしまった出来事を思い出すことによって、再び緊張が起こる場合もあったりするのです。

スポーツ選手ならば、これらの過度の緊張で集中力が低下してしまったり、筋肉が固くなったり、頭が真っ白になって本来もっている能力がまったく発揮されないという恐れさえあります。

選手以外でも、就職や入試などの面接でうまく話せず、人生が変わってしまうことすらあるかもしれません。朝礼の一言スピーチ、会議や挨拶、自己紹介でうまく話せないと損をすることもあります。

これらを何度も経験して失敗体験やトラウマ（心の傷）にまでなってしまうと、性格的なものに発展する場合さえあります。

内気、弱気、悲観的、消極的、話し下手、自信がない、劣等感、不安感、無気力、意志が弱い、自己主張できない、人に合わせ過ぎてしまう、物事が長続きしない、心配性、異性とうまくつき合えない、同じ失敗を何度も繰り返す、自己不信などです。

なぜ緊張するのかというと、自律神経の交感神経が関係してくるのです。交感神経系の機能は、闘争か逃走か（fight or flight）と総称されるような、身体的活動や恐怖などのストレスの多い状況において重要となる神経系です。

交感神経系が亢進すると副腎髄質より分泌されるアドレナリンというホルモンが過剰になって鼓動が早くなり、血圧が高くなり、それにより呼吸が早くなり、そして消化管、皮膚への血液量を減らして骨格筋への血液供給量を増やします。

これらは選手などが戦うには望ましい状態ともいえるのですが、過度の緊張はスタミナを過剰に消費し、これまで学んできたスキルや作戦を台なしにしてパフォーマンスを低下させます。

私たちがある状況をストッレサー（ストレス源）と認知したことにより、交感神経は亢進して心身は緊張状態になるのです。これは「心地よい緊張」や望ましい「テンションの上がりぐあい」ならよくて、意欲を引き出し集中力を高めるのですが、過度の緊張はマイナスになるということです。

この緊張対策として認知のレベルと身体のレベルの対応があります。身体のレベルの対策はリラクゼーションです。または瞑想もいいでしょう。

リラクゼーションとは、本来は「弛緩」とか「緩和」という意味で、「緊張」に対する言葉です。

つまり簡単に言えば、

心身をリラックスさせる、緩めることです。リラクゼーションにより適切な緊張のレベルにコントロールしていくことが大切なのです。

▶ 身体的安定により適切な緊張へと導く

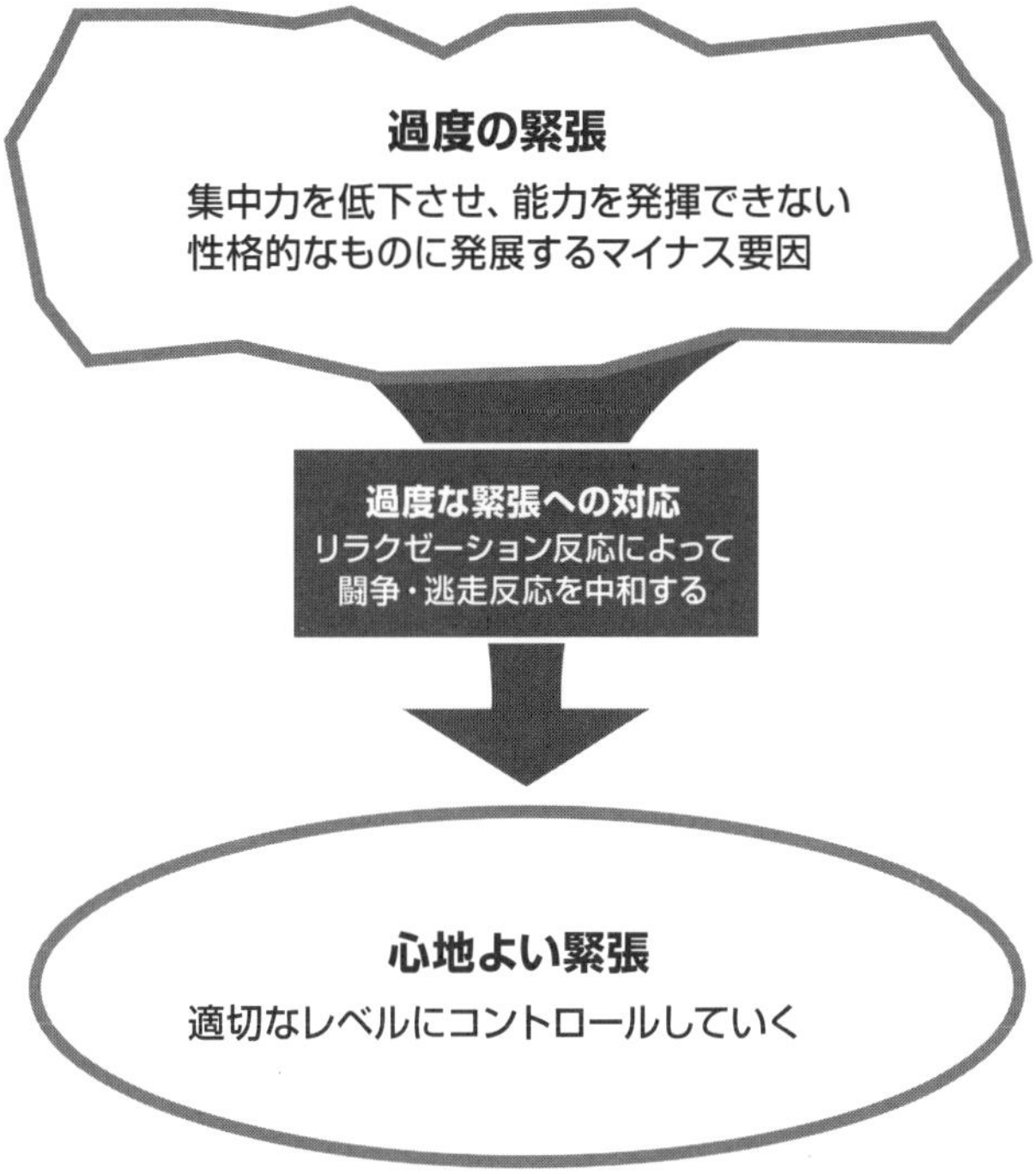
過度の緊張
集中力を低下させ、能力を発揮できない
性格的なものに発展するマイナス要因
過度な緊張への対応
リラクゼーション反応によって
闘争・逃走反応を中和する
心地よい緊張
適切なレベルにコントロールしていく

身体的安定　**【心を強くするメンタル要素】**

- プレッシャーやここ一番という大事な場面で過度に緊張しない
- 心臓がドキドキしたり、足や手がふるえたりしない

2 主張性の欠如によりストレスは倍加させないように「自己表現力」を高める

「自己表現力」は、自分の言いたいこと、意見、感情、考えなどを表現できることです。または選手であるならば競技や試合を自己表現の場としてとらえる人もいます。

それらの選手は観客が多いとかテレビ放映されるとか、家族や大事な人が試合を見に来てくれると、緊張ではなくかえって意欲が高まるといいます。

理不尽な叱られ方をしても、自分を適切に表現できず、叱られっぱなしになっていませんか。これを、「主張性の欠如」といいます。自己表現がうまくできないと、ストレスを心の中にためこんでしまいます。

「頼まれると断れないので、他人がすべき仕事まで引き受けざるを得なくなり、結局疲れてしまう」「必要以上に他人に気を遣い過ぎて、自分の希望や好みを言えず我慢してしまう。それで、後で後悔したり、腹が立ったりしてしまう」などというのも、主張性の欠如が原因です。

さて、あなたの主張性はどの程度でしょうか？　ストレスの原因となるあなたの主張性をチェックしてみましょう。

【主張性チェック】

1 頼まれるとノーとはいえない
2 買ったものが欠陥品であるとわかっても、取り替えてもらいにくい
3 友人に頼みごとをするのが苦手だ
4 店員がわざわざ見せてくれた品物だと、あまり気に入らなくても「いらない」といいにくい
5 小人数の会議で上司のいったことが間違っていると思っても、質問できない
6 友人の持ち物や服が素敵だと思っても、そのことを伝えない
7 会議中、あがりはしないかと心配で、質問しないようにしている
8 デートに誘ったり誘われたりするのにためらいがある
9 何かするように頼まれたとき、その理由をはっきり聞けない
10 交渉のために電話を掛けるのに気おくれする
11 馬鹿みたいだと思われるのが恐くて、質問をしないようにする
12 値段のことで店員やセールスマンと交渉することを避ける

13 列を並んでいる自分の前に誰かが割り込んできても黙っている

14 ほめられると、どう返事をしたらよいかわからなくなるときがよくある

心の中にためこんだストレスを解消しないでいると、自分の人生に満足できなかったり、気が晴れない思いが続いたりします。自分の言いたいことや言うべきことをうまく伝える技術を学ぶことは大変役に立ちます。また、ためてしまったストレスを解放する一つの方法がカタルシスです。

カタルシスは、話をしたり、絵や歌、スポーツなどのように行動によっても得られます。うまく自己表現できることは、ストレスを浄化することができるのでしょう。

たとえば、悩みや問題を抱えて苦しいときに、しっかりと友人に話を聞いてもらったとき、無意識の中にしまいこんでいた感情が堰を切ったようにあふれ出してきて、涙があふれてきたことがあるかもしれません。このようなことは、女性なら誰でも経験したことがあるのではないでしょうか。

しかし、男性は悩みを人に相談することが苦手な人が多いようです。愚痴や弱音は言ってはいけない、人に相談するなんて負けを認めたようでいやだ、とか考える人がけっこういるのです。しかし、人に話を聞いてもらうのは大切で、パワフルな癒し効果があるのです。

自分らしく自己表現力する

主張性の欠如

言いたいことを言わず我慢してしまう
感情を素直に表現できない

ストレスの原因

**心の中に
ストレスを
ためこむ**

自己表現力

【心を強くするメンタル要素】

・自分が言いたいことを主張する

・ストレスを浄化させる

3 「イメージ力」を良い方向に使えると実際の練習と同じぐらい効果がある

タイガー・ウッズがテレビでイメージトレーニングの極意を話していたのを聞いて驚きました。「上手くいった自分の姿を思い浮かべるのではなく、球になって飛んでいくのをイメージする。禅的な考えだ」。ここまでくると極意といっていいかも知れません。

優れた選手は非常に高い「イメージ力」をもってそれを良い方向に使うことができるのです。

メジャーリーガーのイチローは小学校のときから大リーグで活躍するとイメージして公言していたそうですし、高校時代にイメージトレーニングを学んでいます。彼がWBCの取材で「良いイメージ」という言葉を何度も使っていたのを覚えている方もいるでしょう。

柔道のヤワラちゃんこと谷選手も「田村亮子で金、谷亮子で金、ママでも金！」と公言して、金メダル獲得のイメージを何度もしていたといいます。

米国でバスケットの選手を3組に分け20日間、Aグループは「フリースローの練習」を、Bグループは「イメージだけ」、Cグループは「何もしない」として実験をした例を、M・マルツ博士という研究者の本で読んだことがあります。得点を比較したら、Aグループは24％向上、Bグループは23％向上、Cグループは変化なしという結果でした。つまり、**イメージは実際の身体を使った練習と同じぐらい効果があるということです。**

脳は高次のレベルでは現実とイメージの体験の区別がつかないといいます。人間の大脳新皮質には、左脳と右脳の2つの脳があり、左脳に右脳の働きを抑える力が働いていて、通常は右脳が機能しにくくなっています。

また、これまで右脳の働きについてはほとんど知られずにきました。右脳は神秘に満ちた脳であり、まだまだ未開拓な不思議な能力をたくさんもっています。右脳の最大の特徴は、そのイメージ力です。

人間がもって生まれる脳の構造や素質に大きな違いはありません。「脳の使い方」の違いによって、つまり、右脳のイメージ力の働かせ方でさまざまな力を効果的に発揮できるのです。右脳を使えるようにするには、瞑想とイメージ・コントロールがポイントです。イメージで病気を治すのに、アメリカのテキサス州のカール・サイモントンのサイモントン療法が有名です。病人本人にがん細胞をやっつけるイメージをしてもらうのです。

私たちのイメージ力にはものすごい力があります。現実を変える大きな力をもっています。上手に使って人生を楽しみたいですね。もちろん、身体だけではなく、ストレス解消や、自分の心のヒーリング（癒し）にも願望達成にも役立ちます。俳優出身のカリフォルニア州知事であるアーノルド・シュワルツネッガーのこんな話があります。

「若い頃の話だけど、自分が思い通りの人間になって、思い通りのものを、手に入れている姿を想像していた。必ずそうなるんだって、完全に信じ込んでいたんだ。

まったく心ってやつには、大した力があるもんだね。初めてミスター・ユニバースに出た時だって、会場へ行った時には優勝したつもりになっていた。タイトルはとっくに俺のものだってね」

「心の中で何度も優勝しているから、自分が勝つことをこれっぽっちも疑ってないわけさ。その後、映画の世界に入ったときもやっぱり同じ大スターになってがっぽり儲けている自分を心に描いた。

そしたら、もうすっかり成功した気分だ。全部その通りになる！　ただそう信じていたんだ……」

▶ 成功する自分をイメージする

バスケットのフリースローの実験

	20日間	得点の比較
Aグループ	フリースローの練習	24%向上
Bグループ	イメージだけ	23%向上
Cグループ	何もしない	変化なし

イメージ力　**【心を強くするメンタル要素】**

・身体を使った練習と同じくらいの効果がある

「球になって飛んでいく」（タイガー・ウッズ）

「良いイメージ」（イチロー）

「ママでも金！」（谷亮子）

「思い通りのものを手に入れる姿を想像する」
（シュワルツネッガー）

4 「自己コントロール」で自分の姿を正確にとらえ「ストレス耐性」を養う

「自己コントロール」は、自分にとってプラスになるように言動が行えることです。ただし、最近ではこの「コントロール」という言葉が強制的な支配のニュアンスがあって好ましくないということで心理学者は「レギュレイション」(REGULATION)、日本語にすると「統制」という言葉が好まれるようです。

統制は「バラバラになっているものを一つにまとめあげる」というような意味です。

そのためには、まず「自己客観視」できることが大切だと思います。よい点も悪い点も含めて、自分の姿をありのまま正確にとらえることができる、というわけです。

明らかに怒りを感じているのに、「自分は怒ってなんかいない!」と思っていたらコントロールしようともしないはずでしょう。

まず自分をより客観的に知ることが自己コントロールのスタート地点と考えることができます。

しかし、優れた選手や仕事などで成功する人はやや自信過剰気味、自分を都合のよい方向に歪めてとらえる傾向があるといいます。

これは前述のプラス思考であるということだと思います。自分の力を誇大視して自信を得たり、またはよく根拠のない自信などといいますが、やればできると前向きに対処でき、何事にも積極的になれるでしょう。

しかし、これが行きすぎると天狗になります。

したがって、自分をほどほど客観的に、そして建設的にとらえるくらいがよいのではと思います。

そして、自分にとっての価値の実現のために、ある目標を設定し、それらをつねに意識して、その達成のために自分に働きかけていくことでしょう。

具体的な方法は後述しますが、頭の中の会話をコントロールする、行動をコントロールする、イメージをコントロールするなどがあります。

「ストレス耐性」とは、つらい状況でも我慢できる、苦しくてもあきらめないで頑張れることを意味しています。ストレスにどれだけ耐えられるかという強さのことです。

ストレスを感じやすいか、ストレスに負けやすいか、ストレスによって病気になりやすいか、これらの事項はストレス耐性が強いか弱いかで大きく変わってきます。

狭い意味でのメンタルタフネスとはこのストレス耐性を意味することが多いのです。

ストレス耐性も鍛えることができます。筋肉は使う、つまりトレーニングや運動することで太くなり、どんどん鍛えられていきますが、同様にストレス耐性も、ストレッサーにさらされることで強くすることが可能です。

したがって一見矛盾しているようですが、ストレスに強くなるにはストレスにさらされて慣れた方がいいということになります。

しかし、筋トレも過ぎてしまうとかえって筋肉は疲弊し萎縮して、筋肉や靭帯などをケガしてしまいます。

筋トレで適切なトレーニングについての知識ややり方が必要なように、ストレスにさらされたり、自ら進んで高めの目標や課題を設定してストレスに飛込んでいくときにはスキルについて学ぶ必要があるでしょう。

STEP1、STEP2では、心を強くするメンタル要素にはどのようなものがあるかについて説明しました。STEP3からは、実際にこれらを強くするメンタルテクニックについて紹介していきます。

▶ 自己コントロール、ストレス耐性をつちかう

自己コントロール 【心を強くするメンタル要素】

・自分にとってプラスになるように言動が行える
・バラバラになっているものを一つにまとめ上げる
・自分を客観視できる
・価値実現のために自分に働きかけられる

ストレス耐性 【心を強くするメンタル要素】

・つらい状況でも我慢できる
・苦しくてもあきらめないで頑張れる
・ストレスの感知・回避能力がある
・ストレッサーの処理・転換能力がある

STEP 3

基本スキル 1日15分の瞑想トレーニング

メンタルタフネスになるには、
いろいろな要素があることを学んだ。
これらを総合的に鍛える基本スキルの代表格が
1日15分の瞑想トレーニングだ。

1　強力ツール「瞑想」を習慣化すると驚くほどの自己改善力がもたらされる

2　瞑想により過去の心の傷、こだわりを浄化させて前向きな自分になろう

3　「力が抜けていい気持だ」と心から思えるリラクゼーションを習得しよう

4　ビートルズも学んだ「ベンソン法」で心を受動的意識集中させる

5　毎日5～20分、背筋を伸ばして軽く眼を閉じて瞑想を習慣化しよう

6　キーワード「ナ・ダーム」を心の中で唱えてリラックスを体験する

1 強力ツール「瞑想」を習慣化すると驚くほどの自己改善力がもたらされる

ＳＴＥＰ3からは、メンタルタフネスを高める基本スキルについて話を進めていきます。代表格のメンタルスキルは「瞑想」です。瞑想は、メンタルタフネスの視点から総合的に効果があり、基礎になる非常に強力なツールになります。

瞑想によってストレスを緩和するだけでなく、ストレス耐性を心身のレベルから高め、心身の健康を保ち、脳のコンディションを高め、願望達成に活かすことができます。

瞑想は、簡単に行おうとするなら、わずかの時間と場所で用具もお金もかけずに多くの人が手軽に実践できます。瞑想は、

・目を閉じて心を静め、無心になって想念を集中させる

・1日わずか10分から20分1～2回行うだけでよい

のです。習慣的に瞑想を行っている人は、情緒的に安定しており、瞑想の前後では瞑想後に不安が減少してくることが心理テストで示されています。

また、脳波や自律神経系などの生理学的指標も安定し、アルファ波の増加や副交感神経の

亢進がみられるのも多くの研究により報告されています。

瞑想を2ヵ月間実践した人は、自己実現尺度（POI）という心理検査でよい結果が表われるのです。これは、アメリカの心理学者マズローの定義した自己実現の度合いを測定しようとする心理検査です。この検査では瞑想をした人は、自己改善力に関する項目でよい方向への大きな変化が報告されたのです。

私が研究した対象でも、瞑想を3ヵ月続けた前後ではYG性格検査という心理検査で「神経質さ」「劣等感傾向」「抑うつ性」「情緒不安定性」が改善されていました。

多くの人に瞑想を指導して、その効果についてよく聞くことは「落ち込みにくくなった」ということです。これは私自身の経験でも、瞑想をしてから落ち込みにくくなったと感じていました。

ふだんからの習慣的瞑想は、うつ状態の予防に非常に効果的といわれています。瞑想を継続的に行うことで、精神的な安定性が増し、自分らしく生きることができるようになり、人間関係もよくなるということが考えられるのです。

瞑想というと難しくて、座禅のように脚がしびれるとか、高尚なものとか、抹香くさい感じに受け取る人も多いでしょう。しかし、瞑想は堅苦しくなく、誰でも家でできる簡単な心と体を使ったテクニックです。いつでもどんな場所でも行うことができます。

簡単なテクニックなのですが、生理的に驚異的な変化をもたらすことがわかっているのです。なんと瞑想中は酸素摂取量や代謝率を20％も減少させることがわかったのです。ただイスに座ったり横になったりすることに比べて明らかに低くなるのです。

瞑想は、低代謝の別の状態である睡眠と同じように生体エネルギー源の必要量を少なくします。しかし、睡眠とは似た点がほとんどないのです。睡眠と瞑想は両方とも確かに酸素消費量が低下しますが、その酸素消費率に大きな差があるのです。

睡眠では、酸素消費は4時間から5時間かけてゆっくり減少し、最終的には覚醒時と比べて約8％減少します。しかし、瞑想では最初の数分で酸素消費率が平均で10％から20％も減少するのです。このように急激に代謝に変化を起こすことは他の方法では不可能なのです。

脳波の変化にも特徴があります。前述したように、アルファ波の強度と頻度が瞑想中は大きくなります。私の研究でも左脳と右脳の前頭葉のアルファ波が1／ｆのゆらぎになり、左右が同期することが計測されました。脳波の状態からも睡眠とはまったく異なるのです。

また米国の大学の研究によると、瞑想によって血中乳酸濃度が顕著に減少したといいます。乳酸は筋肉（骨格筋）の代謝の結果、生成される疲労物質で、不安に関係しているため、生理的にも不安を減少させることも期待できそうです。

瞑想によって自己改善効果が得られる

- 内面志向性
- 時間に対する充実感
- 自己実現感
- 自発性
- 自分に何が必要かよくわかる
- 自己受容
- 温かい人間関係
- さまざまな価値への理解
- 自愛
- 攻撃性の受容

自己実現の度合いを測定しようとする心理検査で、瞑想をした人は上記のような項目でよい方向への大きな変化が報告された

2 瞑想により過去の心の傷、こだわりを浄化させて前向きな自分になろう

瞑想をするだけで、なぜ好影響を心身に与えるのでしょうか。それは自律神経系に大きな変化を引き起こすからでしょう。自律神経系には2つの神経系があり、闘争か逃走のエネルギー消費の交感神経系とエネルギー回復の副交感神経系があります。

交感神経系が亢進するとエピネフリン（アドレナリン）の分泌が促進され、エピネフリンやそれに関連するホルモンは血圧、心拍数、血糖、代謝を増加させるのです。副交感神経系はそれに相反する（拮抗する）働きがあります。

ストレスが繰り返し起きたり、継続すると、交感神経系は亢進し、闘争か逃走反応も繰り返し起こり、心身のトラブルの原因になります。これらの反応は脳の視床下部の中枢領域で調整されています。したがって、この中枢領域に不具合があれば闘争か逃走反応は固定化されてしまうのかも知れません。

人間の脳には自分のストレス処理能力を超えるストレスが妨害エネルギーとして脳内に蓄積され、その妨害エネルギーがさまざまな心身の障害の原因になっているといいます。それ

が瞑想における「特別な心理生理状態（自律状態といわれる）」になると脳自身の自己処理機能が働き出し、脳に蓄積された妨害エネルギーを解放し、心身を正常化に向わせるのです。妨害エネルギーが解放されるときに、人により「自律性解放」と呼ばれるさまざまな反応になって表われてきます。自律性解放には、次のようなものがあります。

(1) 感覚反応

皮膚がピリピリしたり、心臓がドキドキ感じられたり、血管がズキンズキンと、感覚が鋭敏になる。

(2) 運動反応

まぶたや頬などの筋肉がピクピク動いたり、腕や足の筋肉がガクッと動いたりする。

(3) 自律反応

お腹がゴロゴロ鳴ったり、よだれがたくさん出てくる。血行が良くなり体がほてってくる。セキがでる。

(4) 感情興奮

なんとなく腹が立ったり、イライラしたり、意味もなく涙が出たりする。無性におかしくなる。また、雑念が多く落ち着けない。

(5) 幻覚反応

実際には音がしていないのに、はっきりと聞こえたような感じがしたり、目を閉じているのにはっきり見えたような気がする。

こうした自律性解放は、心身が健康な方向に移行するために起るものであって、妨害エネルギーが解放するにしたがって、出なくなります。そして、「自律性除反応」といわれる、爽やかな落ち着いた状態になります。

この状態になると心身の健康は改善に向かい、過去に受けた心の傷、コンプレックス、こだわりや囚われといったものが浄化されていきます。性格的にも落ち着いて前向きになり、雑念のない意識集中が可能となり、さまざまな「脳力」が発揮ができるようになります。

瞑想の実践をしている時に、自律性解放の一連の反応が出て不快になったらその日の瞑想を中断します。不快な反応が強く出てきて気になったら、数日間瞑想をお休みすれば、それらの不快な反応は出なくなるでしょう。

自律性解放の反応は、心身が健康な方向に移行するために起こる一過性のものであって乗り越えていくべきものです。

このような訓練を行っているうちに、体調がよくなってきたり、何となく集中力が高まってくるような感じに気づいてきます。

▶ 瞑想によって自律状態が起きる

心の中にも生来的に自己正常化の能力がある
自然治癒力（ホメオスターシス）を回復させ
自己正常化の能力の活性化が期待できる

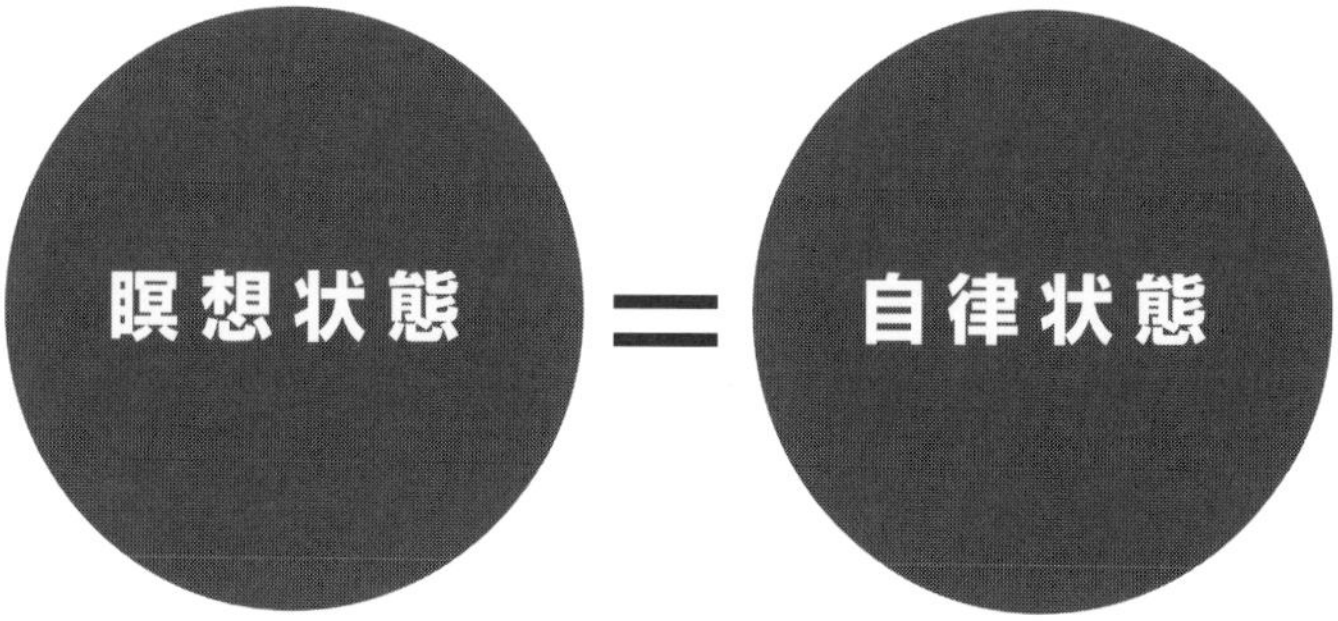

◎習慣的に行うことで頭脳が明敏になる
◎人格が改善され、人間的成長が助けられる
◎心が穏やかになり落ち込みにくくなる
◎「自分が自分であっていいんだ」という感覚が強まる
◎脳の本来持っている潜在力（=脳力）が発揮される

3 「力が抜けていい気持だ」と心から思えるリラクゼーションを習得しよう

瞑想法には、たくさんの種類があります。まず、その準備段階の簡単なリラクゼーションから練習していきましょう。

1日のうち5分でいいですから、リラックス練習をはじめましょう。イスに楽な姿勢で深めに座って背筋を軽く伸ばします。

両手は腿の上に手のひらを上向きにしておきます。時間がなければ、数分でも朝眼が覚めた時に布団の中で行うのもいいでしょう。

心身がリラックスできるような訓練をするのですが、ここでいうリラックスというのは、単にダラーッと力を抜いている状態をいうのではなく、ムダな力みや緊張がない状態のことをいいます。

問題は意識的にリラックスしようとしても、どうしても緊張が残り、気が散ってしまうことがあります。この無意識の緊張を取り除くために身体から入る訓練は役に立ちます。

まず1週間ほどこの練習を行ってみましょう。食事直後や深夜は避けたほうがよいでしょう。

筋肉は意識的に緊張させたり力を抜いたりできますが、無意識に緊張することもあります。そこで、呼吸に合わせて、筋肉の緊張と弛緩を練習します。

①息を吸って息を止めながら全身に力を入れ、全身の緊張を感じてみる

②ゆっくりと息を吐きながら、一気に力を抜いてリラックスしていく

③心から「力が抜けていい気持だ！」と意識する

このように意識することで、脳内で満足の神経伝達物質が促進されてリラックスしやすくなるといわれています。

実際にこの練習をしていると「気持良く」リラックスできるようになってきます。

このようなリラックス法を、毎日行っていくとリラックスの感覚が身についてきます。私たちはストレス状態ではあごの筋肉が緊張するようで、緊張したり悔しいときは歯をくいしばったりしてアゴの筋肉は力が入ってしまうようです。

アゴの筋肉のそばに脳に直結する静脈があり、この筋肉を緊張させたり、リラックスさせたりを繰り返していると、静脈が刺激されて脳への血行がよくなるといわれています。

これらの緊張―リラックスの練習を1週間ほど続けたら、簡単な瞑想の準備段階のリラックス法を1～2週間ほど行います。

そのリラックス法のポイントは、次のとおりです。

①呼吸をゆったりと穏やかに、やや吐く息を長くする

②息をはきながら筋肉の力を抜く

③雑念や余計な考えがでてきても呼吸に意識を向ける

リラックスするためには、「受動的意識集中」が必要になります。「リラックスしよう！」とあまりにも一生懸命になりすぎると、リラックスできなくなってしまうものです。実際に力が抜けていなくても、気にしないでリラックスしてください。

心身がリラックスしてくると、手のひらが暖かく感じてきます。毛細血管が広がって血行がよくなり、皮膚や末梢部分の温度が上がるからです。特に手のひらは感覚が敏感なので、わずかな温度の上昇でもはっきりと感じられたりします。

手のひらの温感をイメージしたり、味わってみる（意識を向けて「暖かいな〜」と思ってみる）ことを「手のひら瞑想」と呼んで、瞑想の入門編としています。このときは、いわゆる弛緩集中状態で脳波はアルファ波になっているはずです。

この手のひら瞑想で手の温感を感じられるようになると「自律状態」に近づいていて、人によってはさまざまな反応（自律性解放）が表われてきます。

▶ 眼を閉じてリラックスしてみよう

① ゆったりと座り、軽く眼を閉じる

② ゆっくりと自分のペースで呼吸をする

③ 呼吸と心を整え、心身のリラックスを意識する

④ ゆっくりと息を吐きながら、順番に身体の力を抜いていく
（顔→肩→手→背中→腹部→臀部→両脚）

⑤ 雑念を無理に追い払おうとせず呼吸に意識を向ける

⑥ 終える時は、両手を数回握ったり開いたりして、ゆっくりと眼を開く

効果的にする心得

◎できれば鼻呼吸で行う

◎慣れるまで1回数分、眼を閉じてみる

◎毎日時間を決めて1～2回必ず行う

◎気になる反応が強く出てきたら、しばらく行わない

4 ビートルズも学んだ「ベンソン法」で受動的意識集中状態をつくる

「息の出入り」に意識を集中することに徹する方法を「随息観」といいます。自分の息をじっくりと観察することで、意識を単純化し、より深い瞑想に入ろうというものです。鼻を出入りする「息」に集中します。意識をさりげなく鼻先や鼻の奥に置いて、呼吸の通過を感じるのが役に立つかも知れません。

最初は雑念が出てきますが、さらに続けていると、だんだん雑念にとらわれないで、息を観ている時間が多くなってきます。時間はおおよそ10分から15分くらいで行っていきます。

この随息観がある程度できたら、つぎに「**ベンソン法**」にシフトしていきます。簡単で効果が実証されている「ベンソン法」は、４つの基本要素から成り立ちます。

(1) 静かな環境

できるだけ邪魔が入らない静かで落ち着く環境で行うことが望ましいのです。

(2) 心を向ける対象

心を特定の何かに向けることが必要になります。心の中で、または声を出して、音、言葉、句を繰り返す方法や、呼吸に意識をとどめたり、動かない対象を見つめたりする方法があります。

瞑想の訓練が難しいのは、ダラダラと続く雑念に囚われたり、心が乱れることです。言葉や句を繰り返すことに意識を向けると、雑念を追い払う助けになります。

（3）受身の態度

瞑想中に雑念が出てきたら、特定の対象に意識を向けなおすようにします。瞑想がどのくらいうまくいっているのだろうかとか、これでいいのだろうかとかは気にしてはいけません。気にすること自体が瞑想の妨げになるからです。

「雑念が多くて全然集中できない」とか、「また余計なこと考えてしまった」などと考えず、ただ特定の対象に意識を向け直し、あるがままでいてください。

受身の態度は「受動的意識集中」ともいわれます。雑念や余計な考えが出てくるのが自然で予想されたことです。それが瞑想の当たり前のプロセスなのです。心配しないでください。

（4）楽な姿勢

体に余計な負担がかからないように、楽な姿勢をとることが大切です。座禅やヨーガの脚を組むことが楽ならそれもよいでしょう。

しかし無理して組むとしびれや痛みが瞑想の妨げになります。リクライニングのイスでもソファに座るのでも、あぐらでも楽な姿勢をとってください。

ベンソン法は「TM（超越瞑想）」とよばれるインドに古くから伝わる瞑想法の一つマントラ瞑想の科学的研究から考えられた簡単で非常に効果的なテクニックです。

「マントラ」とは、インドで約4000年前から、聖職者や僧侶たちによって唱えられてきた聖なる言葉のことです。日本語では真言で、仏の真実の言葉といった意味です。

呼吸による瞑想と同様に大昔から行われてきた瞑想法の代表的なものがマントラ瞑想法です。マントラと呼ばれる言葉、文言が、呼吸に変わって注意の焦点の役目を果たします。

ビートルズのメンバーが学んだのがきっかけで、欧米で大流行しました。

心身の健康増進、メンタルタフネス強化のために、このシンプルで効果の高いベンソン法、マントラを唱える瞑想を習慣的に行うことをお勧めします。

マントラの替わりに使う言葉、キーワードは何でもいいのです。心の中で唱えやすい、好きな言葉、心が落ち着く言葉、響きが好きな意味のない言葉、信仰や宗教心があるならばそれに関係する言葉などがあります。

ベンソン法でストレスに強くなる

ベンソン法
（超越瞑想、マントラ瞑想）
インドに古くから伝えられる瞑想法から
科学的研究により考案された方法

・性格の改善
・ストレスに強くなる
・知能の伸び
・不安感の減少
・アルコールとタバコの使用量の減少
・問題を正確に解く早さ
・睡眠の質の向上
・生活習慣病の予防
・アンチエイジング効果
など

これだけの効果がある

メンタルタフネスの基礎

5 毎日5～20分、背筋を伸ばして軽く眼を閉じ瞑想を習慣化しよう

ベンソン法（マントラ瞑想法）の実際のやり方のポイントを述べていきます。

【瞑想する時間帯と回数】

瞑想する時間は、朝、昼、夕、夜、1日中いつでもかまいません。しかし、深夜は睡眠に向かう傾向があるので、すぐ眠くなるなら避けたほうがよいでしょう。

食事の前でも後でもかまいません。ただし満腹時は避けたほうがよいでしょう。最初のうちは、最低1日1回は瞑想することをお勧めします。

とくに、ストレスの多いうちは、違う時間帯で1日2～3回行った方が、瞑想効果はより早く得られるでしょう。

【瞑想の時間】

1回5～20分の瞑想を、違う時間帯に、1日1～2回と決めておくのが最良です。約15分が望ましいのですが、忙しいときは時間が取れないからやらないよりは5分でも行った方がいいでしょう。

時々、薄目を開けて時計を見ながら時間を確認してください。長時間（30分以上）はお勧めしません。

【瞑想する場所】

できれば他人の目に触れない、落ち着ける場所にしてください。飼い猫、飼い犬などのペット、子供などがいる場合は、瞑想中は部屋に入ってこないようにしてください。携帯電話の着信音は切っておきます。明るくても薄暗くてもかまいません。音楽があったほうがリラックスできるという方もいるかもしれません。最初はかまいませんが、しばらくしたら音楽なしでできるようにしましょう。

【座り方】

基本的には、楽な姿勢なら、あぐらをかこうが、いすに腰掛けようがどんな姿勢でもかまいません。

横になって行うと睡眠に移行しやすいので、座って行いましょう。軽く背筋を伸ばすくらいがよいでしょう。

手の位置はどこでもかまいません。両膝に置くのが一般的ですが、座禅のように体の前で両手を重ねてもいいです。ヨガのように両手の平を上に向けて膝の上に置いたりしてもかまいません。

【目の使い方】

まぶたは軽く閉じます。きつくまぶたを閉じてまぶたに緊張感を感じたりしないようにしてください。

座禅では半眼といって薄目を開けた状態で瞑想するのですが、この瞑想ではそうしませんのでご注意ください。

【呼吸のしかた】

ふだんの鼻呼吸でかまいません。腹式呼吸、胸式呼吸などにとらわれなくて結構です。

【その他の注意】

とくに瞑想開始初期の頃は、瞑想の途中で眠くなってしまうことがあります。それは、それだけ体にストレスや疲れがたまっているせいです。

眠くなったらどんな姿勢ででも、もちろん横になってでもよく、眠ってしまってもかまいません。

瞑想をするたびに、雑念がどんどん増えてくる場合もあります。これは、先に説明した自律性解放の一つで一時的なものです。瞑想の継続によって、雑念は減っていきますので、心配しないで瞑想を続けてください。

▶ 瞑想は5分でもよいので毎日実行する

瞑想の基本10カ条

① 1日1回は瞑想する（ストレスが多ければ2〜3回）

② 1回5〜20分いつでもかまわない

③ 他人の目に触れない落ち着ける場所

④ 明るくても薄暗くてもかまわない

⑤ 軽く背筋を伸ばして楽な姿勢で

⑥ あぐらをかいてもイスに座ってもよい

⑦ 手は両膝に置いても位置はどこでもよい

⑧ まぶたは軽く閉じる

⑨ ふだんの鼻呼吸でかまわない

⑩ 雑念がわいても心配しない

6 キーワード「ナ・ダーム」を心の中で唱えてリラックスを体験する

瞑想で、心の中で唱える言葉は、「マントラ」「リラーックス」「ラブ&ピース」「明鏡止水」「祓《はら》いたまえ清めたまえ」でも、何でもかまいません。

ここでは、私も実行している「ナ・ダーム」という言葉を紹介しましょう。L・チューズとC・キングという研究者らによって提唱された方法です。

この言葉は、音が柔らかく、無意味であり、瞑想に適しているといわれています。

「ナ・ダーム」の読み方は、

・「ダーム」にややアクセントをおいて発音（心の中で）する

・「ナ・ダーム」を繰り返し繰り返し「思う」

・リズムとしては「ナ・ダーム」は2〜10秒くらい

・「ナ・ダーム」と「ナ・ダーム」の間には1〜2秒くらい間をあける

私は息を吸う時に「ナー」と思い、息を吐く時に「ダーーーム」と計10秒ほどで行ったりしています。ただ、厳密に考える必要はなく、自分で心地よいと思うリズムでかまいません。

重要な点なので繰り返しますが、あくまでも心の中の声で「思う」ことで小声でも出してはいけません。あたかもどこかから「ナ・ダーム」が聞こえてくるかのように、繰り返し「思う」のです。

瞑想法としては、このように単純なものなのですが、この瞑想法がすばらしいのは、雑念をごく自然に払い去ることができるという点です。

座禅などでは、雑念を払って無念無想の境地に至るには長年の修行が必要です。

この瞑想法の場合、多くの人は始めて数ヵ月くらいで無我の境地に到達することも可能です。もちろん個人差もありますが、ほとんどの人は数週間以内には深いリラックスを体験できるはずです。

まぶたを軽く閉じて、「キーワード」を繰り返し思っていると、まずいろいろな雑念がわいてきます。多少の間その雑念にとらわれるのはかまいません。しかし、それに気づいた時点で、「キーワード」の反復に戻ってください。

まぶたの裏に浮かんでくるいろいろな光や模様も同じです。こういったものが現れてもこれに注意を集中したりせず、雑念の一つとして受け流し、それにとらわれることなく、再度「キーワード」に注意を戻すのです。

ベンソン法では、脚から始めて、順々に上がっていき、最後に顔をリラックスさせます。

私の経験では頭から顔、首、肩と順々に下がってリラックスするやり方でもかまわないと思います。やりやすいほうで行ってください。

呼吸に意識を向ける際、息を吐くのに合わせてキーワードを静かに心の中でつぶやきます。前述したように、「ナ・ダーム」というキーワードを使うならば、「ナー」で息を吸って「ダーーーーーム」で息を吐いていきます。

時間は、目覚ましやタイマーなどで知らせるようにしてはいけません。瞑想が終わっても、数分間静かに座り、最初は目を閉じたままでで目を開けてください。すぐに立ってはいけません。

深いリラックス状態になっているかどうかを心配しないでください。受身の態度を続け、リラックスが向こうからやって来るのを待ちましょう。

雑念が出てきても、当然のプロセスだと考えましょう。そして、キーワードを心の中で繰り返しつぶやくことに戻りましょう。

この練習は1日に1回か2回行います。食後2時間以内は消化活動がリラクゼーション反応を妨げるので避けるようにします。

▶ 言葉を心の中で唱えて瞑想する

「ナ・ダーム」

と唱える

息を吸う時に「ナー」と思う

息を吐く時に「ダーム」と思う

「ダーム」にアクセントをおく

2〜10秒くらいかけて思う

「ナ・ダーム」と「ナ・ダーム」の間は
1〜2秒あける

◎まぶたを閉じてキーワードを心の中で繰り返し思う
◎キーワードは何でもよいが、声には出さない

STEP 4

基本スキル 1日5分のセルフトークと自己開発ノート

メンタルタフネスの基本スキルの2番目は、「セルフトーク」と「自己開発ノート」である。1日5分でよい。毎日実践しよう。

1 「セルフトーク」に耳を傾け否定的な言葉を
ポジティブな言葉に変える

2 暗示を有効に生かしながら視覚・聴覚に働きかけ
セルフトークする

3 瞑想時のセルフトークで脳にしっかりと
プログラミングする

4 肯定する表現の効果的なセルフトークを作って
脳に強く印象づける

5 「自己開発ノート」に書き続け目標となる肯定的宣言を
声に出して読む

6 問題を振り返り望ましい状態を考えて行動する
「3行日記」をつける

1 「セルフトーク」に耳を傾け否定的な言葉をポジティブな言葉に変える

本書の冒頭で、私がメンタルサポートした日本人メジャーリーガーについてふれました。彼が活用したのが瞑想と「セルフトーク」です。セルフトークとは、心の中で行う自分との会話です。

セルフトークに耳を傾け、自分の心の声はどうか、どんなふうに状況をとらえているのか、客観的に分析することはとても大切なことです。

自分が心の中で考えていることは、つまり心の中の会話は行動に影響するということです。何かを考えているときの多くは、セルフトークしていることになります。

セルフトークは、基本的に意識せずに発せられるものです。たとえば、時計を見て「あ、もうこんな時間だ！　いそがなきゃ！」、空腹を感じたときに「あーお腹すいた！」など、何気なく使っているのです。

言語をコントロールして建設的に使おうとするのがセルフトークです。どのようなセルフトークを行っているかが、私たちの感情や行動に大きな影響を与えるのです。そのためには、ストレスやマイナスの感情を感じてしまったり、建設的な行動ができないときの自分の心の声、つまりセルフトークに気づくことが第一歩です。

まずセルフトークを意識して記録してみます。そのために、メモとペンをもち歩くかいつももっている手帳に記入するようにしましょう。

怒りや不安、心配などマイナスの感情やストレスを感じたときが大事です。気がついたセルフトークは、メモに書き留めていくか、携帯電話の音声メモに記録して後でメモや手帳に記入してもいいでしょう。

セルフトークは、言語とそれに関する聴覚イメージで使われるので、記録する時に、誰の声か、どんな声か、どのあたりで聞こえる感じがするか、音量やスピード、ピッチなど、そのときの精神状態も同時に記録しましょう。

たとえば、「『こんな間違えするなんて自分は最低!』と、自分の声で、胸の辺りで、ズンッと響くような重い声ではっきりと聞こえる。胸がモヤモヤ苦しい感じだ。やる気が失せて、憂うつになる」といったように記録します。

また前向きでやる気が起きるときの状態も同様に記録することも役に立ちます。否定的なセルフトークより肯定的なセルフトークの方が感情や行動に建設的に働くことがわかっています。

そこで、その感情や気持ちをコントロールし、建設的な行動に向うようにセルフトークをコントロールすることが重要になります。このセルフトークを建設的な言葉に変えるだけで、脳内の環境が変わります。「自分は最低！もうだめだ！」↓「大丈夫！やればできる！」という感じで、非建設的な言葉から建設的な言葉へ変えるのです。

否定的な声が消えないとか、すぐ出てきてしまうことも稀にあるかも知れません。そのときは、声が聞こえても影響を最小限にできるようにしてセルフトークを行うのです。

たとえば「小さな声で、弱々しく、お尻かかかとのあたりで聞こえる」ようにイメージを変えてしまうのです。こうするとマイナスの影響力はかなり少なくなります。

そして、その後に、「自分の自信に満ちた声が、胸のあたりで、はっきりと、イキイキと聞こえる」というイメージでセルフトークを行うこともできます。

これをヒップトーク（マイナスの言葉が消えなければ無理に消そうとせず、お尻のあたりで話し声を聞く）とハートトーク（建設的な言葉はハートに強く響くように胸のあたりで力強く話し声を聞く）と名付け、私はプロゴルファーに使って効果を得ていました。

セルフトークが現実的で建設的なものであれば、あなたの精神は健全な状態に保たれるし、あなたの行動も建設的なものになるのです。しかし、不合理で非建設的なセルフトークを語りかけてしまうと、不安を感じ、非建設的な行動をしてしまうでしょう。

セルフトークに気づき分析する

セルフトーク＝自分の心の声

自分はどんなふうに状況をとらえているのか
言葉と音、場所、状態までを意識して記録する

ネガティブなセルフトークからポジティブなセルフトークへ

×

セルフトーク

「自分は最低！もうだめだ」「失敗したどうしよう」

感情＝不安、恐れ
行動＝ミス、失敗、能力発揮できず

▼

○

セルフトーク

「大丈夫！やればできる」

感情＝自信、集中
行動＝能力発揮

感情や気持ちをコントロールしてセルフトークを建設的な行動に向かうようにする

2 暗示を有効に生かしながら視覚・聴覚に働きかけセルフトークする

「セルフトーク」を深いリラクゼーション状態や瞑想状態で行うことは、言語による「脳へのプログラミング」または「自律状態での自己暗示」といってよいでしょう。

脳のプログラム言語は、イメージと同様に、視覚イメージ、聴覚イメージ、臭覚イメージ、味覚イメージ、身体感覚イメージの5つがあると考えられます。

したがって、脳に強く印象づけるプログラミングの方法とは、これらの主要な視覚、聴覚、身体感覚、とくに情報量の多い視覚イメージを中心に活用することです。

・視覚「それが達成された時、何が見えますか？」「どのように見えますか？」
・聴覚「それが達成された時、何が聞こえますか？」「どのように聞こえますか？」
・身体感覚「それが達成された時、どんな感じがしますか？」「どんな気持でしょう？」

これらをより具体的に想像＝創造するのです。

想像の世界の中でよりリアルに多少デフォルメ（強調）された形でもけっこうですが、体験するのです。

絵で描いて解説をつけてもいいですし、小説のあるシーンのように心理描写も含めて記述してもいいでしょう。

セルフトークに効果的なのが暗示です。暗示とは、一般に「理性あるいは感情的な抵抗を受けることなしに、それとなく心の中に入り、思考、感情、行動などに、言葉、映像やシンボル、シグナルなどによって大きな影響を与えること」をいいます。

この暗示を有効に活かして人に影響を与える方法を「暗示法」といいます。それを催眠状態で行う場合を「催眠暗示」といい、覚醒状態（意識を保っている、目覚めている状態）で行う場合を「覚醒暗示」といいます。

暗示には、4つからなる「努力逆転の法則」があります。

① 意志力と想像力（イメージ）が相反した場合は想像力が勝つ

② 意志力と想像力が相反した場合は想像力の強さは意志力の二乗に正比例する

③ 意志の力と想像力が同調している場合は、そこから生ずる力は強力となり、両者の和ではなく積によってはかられる

④ 想像は誘導可能である

第1法則は、「失敗する」というイメージをもっている（頭に浮かんでくる）場合に、失敗しないように意識的に努力してみるということです。

イメージと意志が対立する場合に勝つのは「失敗する」というイメージで、結局失敗してしまうことが多いのです。

第2法則は、「失敗する」イメージをもっている場合、それを克服するのには、イメージに対して二乗の意識的努力が必要で、並の努力では克服できないということです。

第3法則は、「失敗する」が「うまくいく」イメージになり、同時に意識的努力をしてみるということです。

イメージと意志が同調していると脳力がフルに発揮されるのです。

第4法則は、イメージは誘導することができ、肯定的立場に立って暗示をさりげなく反復するということです。

力んで自己暗示するとしばしば「努力逆転」が生じるので、深いリラックス状態や瞑想状態の不安や焦りのない平安な心の状態で行うと最適です。

このように暗示を有効に生かしながら、セルフトークを行います。具体的な方法については、次節から紹介していきます。

▶ 暗示を有効に生かす

暗示

暗示者による分類

他者暗示　：暗示が他者から与えられる
自己暗示　：暗示を自分自身で与える
　　　　　　自己催眠や自律訓練法で用いられる
非人格暗示：音響機器、テレビ、ラジオによって与えられる

方法による分類

直接暗示　：暗示の目的や内容が被暗示者に明示されている場合。「だんだんリラックスしてきます」など
間接暗示　：被暗示者に暗示の目的や内容が理解できるか、ある反応を生起させようという背後のある意図や目的を気づかれずに行うもの
　　　　　　たとえば、リラックスさせる目的だけれど「ゆっくり呼吸して、目を閉じて、空にポッカリと白い雲が浮かんでいるの想像してください」といったような暗示
言語暗示　：言語によって与えられる暗示
　　　　　　暗示の大部分はこれにあたる
非言語暗示：言語以外の手段、例えばジェスチャー、表情、シンボル、シグナル、映像などによって与えられる暗示

3 瞑想時のセルフトークで脳にしっかりとプログラミングする

深いリラクゼーション状態や瞑想状態は、自己催眠に近い状態でもあります。意識は保っているのですが、被暗示性が亢進した催眠に近い状態です。

この催眠状態の利点は、効果的な暗示が自分で行える点にあります。ふだんの覚醒している状態では、セルフトークを行っても効果的な暗示の作用は少ないのです。

「私は自信をもって~を行えるようになる！」と普通の目覚めた覚醒状態で行うと、時には「いや……、とはいっても、この前は無理だったし……、やっぱり無理かも……」などと、フッと考えてしまうことになるのです。つまり、別のセルフトークでつぶやいてしまったりします。

しかし、瞑想状態（自律状態）では、意識と潜在意識の間のトビラが開き、潜在意識に効果的に深く情報をプログラムできると考えられます。一種の自己催眠のような状態が瞑想状態と考えてもよいでしょう。

瞑想時にセルフトークを行い、しっかりと脳にプログラミングしましょう。

【瞑想時のセルフトークの実践法】

・瞑想を15分から20分行う。
・最後の3分ほどに数回ほど心をこめてセルフトークを行う。
（私は、ラッキー7ということで、7回セルフトークを行っています）
・3～10回くらいが集中できるようです。
・息を吐くときに（副交感神経が活性化する）、セルフトークを行う。
・文章は少し長くてもしっかり暗記して、そらんじられるようにしてください。

【例・・不安や心配が強いとき】

「私は毎日、ますます心が大らかになっていく。万一些細なことにこだわり始めたら、腹式呼吸を始めると、心はスッーと落ち着いて、気持ちの切り替えができる」
「次第に暖かい中で、氷が溶けてなくなるように、自分の中にあるマイナスの考えやイメージは次第に消えてゆく」

【例・・肯定的な表現、自我強化的なもの】

一般的には、つぎのような表現を使います。

「私は、どんな困難や障害も乗り越えることができます。なぜならば、私にはその力があるから」

「私は毎日、ますますより前向きになり、よりエネルギッシュになっていきます。次第に運命が良い方向に好転していきます。そして、それは本当にそうなのです」

「毎日、当面の目標や願望に対する思いや執念がますます強くなってくる。たとえ、どんな困難に出会っても、頑張ればきっと解決し、成功への道が開けるという楽観性が強く育ってくる。そして、それは本当にそうなのです」

「心の中から不思議な力が生まれ、より前向きになり、より意欲的になっていきます。なぜなら、自分の中には本来、そのようなすばらしい力や勇気、エネルギーがあるからです。そして、それは本当にそうなのです」

最後に「そして、それは本当にそうなのです」という補強のセルフトークをつけ加えるようにします。

すると、否定的なセルフトークが無意識に出てくるのを妨げられますし、セルフトークの効果を強化できるのです。

▶ 瞑想時のセルフトークのやり方

瞑想
約15分

↓

薄目を開けて時間を確認

↓

瞑想状態でセルフトークを数回、約3分

肯定的な表現でセルフトークを行う

「私は毎日、ますますより前向きになり、
よりエネルギッシュになっていきます。
次第に運命が良い方向に好転していきます。
そして、それは本当にそうなのです」

4 肯定する表現の効果的なセルフトークを作って脳に強く印象づける

セルフトークでは、効果的な文を作ることが必要です。そのポイントを紹介します。

【基本的に肯定的な表現にする】

基本的には、否定的な言葉は避けます。「～をなくしたい」ではなく、「～を得たい」という表現が効果的です。不安が問題のときは、「不安をなくしたい」ではなく、「心が落ち着いてくる」といいます。

しかし、不安や否定的な思いが強かったり、問題が大きいと、肯定的表現は何かウソ臭く不自然で逆効果になることもあります。そのため、心理療法で暗示が使われるときは、問題を言葉に入れて暗示を行うことも少なくないのです。

次に、いろいろなセルフトークの法則を紹介します

・「～は何でもない」：「話すことは何でもない」「緊張は気にならない」
・「私は～せずにいられる」：「お酒を飲まずにいられる」「飲なくても平気だ」
・「他人は～でも、私は～でない」：「人がお酒を飲んでいても、私は飲まない」

・「もっといっそう～できる」：「私は練習中にもっといっそう集中できる」
・「私は～（良い状態）なのだ」：「私は人前で自信をもって話せる」

【時制】

セルフトークの時制は、現在形がよいと言う意見が多いのですが、自分でしっくりくるなら現在形でなくてもかまわないと思います。

現在形「～である」、未来形「～になってくる」、意志未来「～する、なる」、現在進行形「～している、しつつある」などが使えます。

【一般公式と具体的なものを】

一般公式を日常的に行い、その必要性に応じて具体的なセルフトークを使うといいでしょう。「日々、人生が素晴らしくなってくる」というような漠然としたものプラス、現実の具体的なセルフトークも使いましょう。

テレビやラジオ、他者の否定的な情報や言葉が悪い影響を及ぼすのではないかと気になってしまうことがあります。

そのようなときは「私は、否定的な言葉や考えの影響は一切受け入れません」という暗示をふだんから行っていると、否定的な情報に接しても安心できます。

【完璧とか完全という言葉は避ける】

完璧な人などはいません。「～が完璧にうまくいく」とか「私は完璧な～だ」という暗示は、ストレスを生み出すパターンに陥ってしまいます。完璧とか完全とかでなくて、ベター「より良く」というニュアンスがいいでしょう。

【感情を刺激したり、想像力、イメージを引き出すような表現を】

自分にとって肯定的な感情を刺激するような暗示の言葉や、肯定的なイメージを引き出すような暗示の言葉や表現を使いましょう。

【願望と確信を潜在脳に伝える】

この方法は私の経験から非常に効果があると感じ、多くの指導で使っているものです。2段階で行います。

最初に自分の心、潜在脳に「私は～したい」と願望を伝えます。次に「私は～になります。～を実現します」と、そのことが起きる確信を伝えます。

このようなセルフトーク文の作り方の法則はあるのですが、基本的に自分にとってしっくりし、よいイメージがもてるならば効果はあると思います。そのときに肯定的な自然な気持で暗示をすることが大切なのです。

公式を使ってセルフトークを作る

「〜は何でもない」
心身の不調を実際よりも大げさにとらえてしまったり、
予期不安があるような場合にはこの公式が有効

「私は〜せずにいられる」
好ましくない習慣を弱めるための公式

「他人は〜でも、私は〜でない」
やめたいのにやめられない習慣があるにもかかわらず、
人に誘われると断れない人に有効

「もっといっそう〜できる」
よい習慣がなかなかできず、
不十分な場合や能力の強化に用いられる

「私は〜（良い状態）なのだ」
良い状態を維持するための公式

◎肯定的な表現にする
◎願望と確信を脳に伝える
◎現在形でも未来形でもよい

5「自己開発ノート」に書き続け目標となる肯定的宣言を声に出して読む

毎日実践する基本スキルのもう一つは「書く」ことです。

そのための自己開発ノート（名前は何でもけっこうですが）なるものを一冊買いましょう。どんなノートでも結構なのですが、自分で気に入ったものがよいでしょう。

中には少し高級なバイブルサイズのシステム手帳を使う人もいます。出張が多いような人は持ち運びにかさばらない小さめのノートがよいでしょう。自己開発ノートには、

- 「人生における6つの領域」
- 3行日記
- 願望のマスターリスト
- 瞑想の感想
- 自分が実現したい肯定的な宣言（アファメーション）

を書きます。自分に効果的なものを、どれか選んで書き始めてください。

まず後述する（STEP 7）人生における6つの領域（キャリア、経済、健康、家庭・友人・

社会、知性・教養・芸術、精神性の長期・中短期の願望）を、ノートの最初のページに書きます。最初のページに「栄光の日」（STEP5②参照）を書いて、次のページに「6つの領域の願望」でも結構です。「6つの領域の願望」はノートを新しく変えるごとに、何度でも最初のページに書き直します。そのとき内容が変わってもかまいません。

3行日記（次節参照）は、一つでかまいませんので毎日書きます。願望のマスターリストは、3〜6つほど毎日書きます。瞑想や脳へのプログラミングをしたのなら、その感想を簡単に書きましょう。自分が実現したい肯定的な宣言（アファメーション）を一つ書きます。

完璧に書こうとしないで、気楽に5分くらいで書きましょう。とにかく継続することが大切です。そのため、まず1ヵ月書いてみましょう。

1年続けて書く！と決めて挫折すると、後述する行動と動機の原則で「自分は意志が弱い、中途半端な人間だ」という思いを強化してしまう可能性があります。短くても達成感や成功体験を得ることが大切です。

しばらくノートの記入を休んでもかまいません。いつでも再開できます。ただし書くと決めた期間は疲れていても、酔っぱらっていても書いてください。ある期間は時々書くくらいでも、強化月間はきちんと書くようにするということもできます。

アファメーションは、基本的にはセルフトークと同じですが、「主に声を出したり、文章

によって、自分がなりたいこと、実現したいこと、どんな人生を送りたいかを表す肯定的な宣言を行うこと」ほどの意味です。

結婚式の誓いの言葉、競技大会の選手宣誓、看護師の戴帽式でのナイチンゲールの誓い、キリスト教における使徒信条、仏教の勤行での懺悔文などもアファメーションといっていいでしょう。

これらの方法は、歴史を通じて宗教、法律、軍事、政治、国家、社会のあらゆる場で広く活用されてきたのです。アファメーションが各時代を通じて取り入れられてきた理由は、それが信念、精神の高揚、決意の強化、人生の方向性の強化など望ましいセルフイメージを築くことに役立つからです。

毎日、肯定的宣言を反復していると、その言葉があなたの潜在脳にプログラムされるのです。アファメーションは内面強化を促します、決意や新しい思考や行動パターンが習慣になる時期を早めてくれるのです。

毎朝、寝る前に数回から10回ほど、自分の心に響くように想いを込めて声を出して唱えます。私は、ラッキー7ということで7回繰り返すことを指導することが多いです。自己開発ノートがあるならば、ノートに気持を込めて1回書いてから、声に出してそれを7回読み上げます。

アファメーションを活用する

アファメーション

自分が実現したいことを表わす肯定的な宣言文
基本的にはセルフトークと同じ

目的を設定する。目的は何か。自分のセルフイメージを改善、向上させるものがいい

選んだ目的にそって、自分の心に強く響く言葉や表現を選んで文を作る

肯定文を使用する。結果よりも自己の本質、セルフイメージに焦点を当てる

表現はシンプルで明確なものに

毎日、繰り返し声を出して読む

棒読みではなく、意識的に意味を感じとりながら、言葉に感情やエネルギーをこめる

言葉のエネルギーが自分の心（潜在脳）にしみこんでいくのを想像する

6 問題を振り返り望ましい状態を考えて行動する「3行日記」をつける

自己開発ノートに書くものとして私が最もお勧めするのが3行日記です。

4行日記という書物を書店で見かけましたが、ここで紹介するのは3行日記です。私がものぐさなためか、ただでさえ少ない4行からさらに減らして3行なのです。

これは、解決志向を応用した簡単な自己改善のテクニックです。

簡単に言うと、日々を振り返り、問題を振り返り、望ましい状態を考え、よいスモールステップの行動を設置することです。これが3行で書けるので3行日記と呼んでいます。

具体的には夜寝る前の時間が最適でしょう。願望のマスターリストを記入するのと合わせてもよく、5分もあればいいでしょう。

- **問題：その日に起った困ったこと、よくないと思うこと、自分で問題だと思うことを1行で書く**
- **望ましい状態：その問題が解決された望ましい状態、願望、目標について1行で書く**
- **スモールステップ行動：その望ましい状態の実現のために翌日以降にするとよいこと、**

すべきこと、やると決めたスモールステップの行動を書く

これは、簡単でわずかな進歩でかまいません。行うのが難しいものや、できそうもないものは書かないで、とりあえずできることでいいのです。

あくまでスモールステップで確実に実行できる行動にしてください。

この3行だけでいいのです。そして翌日の寝る前の3行日記の記入の時間にスモールステップ行動が達成できたら、前日のスモールステップ行動の文の近くに「実行！」でも「達成！」「good！」でも行動した証のサインを書いてください。これだけです。

【例１】

①今日行ったプレゼンで根拠になるデータの説得力が乏しかった（問題）

②プレゼンでは相手が「ほほう！」と納得する根拠やデータを示す（望ましい状態）

③明日の朝一、インターネットの検索でデータを探す！（スモールステップ行動）

【例２】

①体重が2キロ増えた。メタボリック症候群の危機（問題）

②健康的に適正体重になり、Tシャツもすっきり似合う体型に（望ましい状態）

③明日はバスを使わず駅まで歩いていく！（スモールステップ行動）

【例３】

①部下の失敗を注意することができなかった、厳しいことをいうのが苦手（問題）
②後輩と信頼関係を築き、うまく注意してチームカアップ（望ましい状態）
③明日の通勤電車で読んでないコーチングの本を読む！（スモールステップ行動）

【例4】

①今日は忙しいのと人間関係のゴタゴタでストレスを感じてイライラした（問題）
②心を癒して、笑顔で建設的に人に接する（望ましい状態）
③明日は健康ランドに行って、露天風呂で癒される！（スモールステップ行動）

【例5】

①最近は仕事が好調なので働き過ぎで、今はいいけど体調を崩したら困る（問題）
②休息、リラックスを定期的に行い心身とも健康！（望ましい状態）
③週末の飲み会はキャンセルし、家でゆっくり過ごす（スモールステップ行動）

ポイントはエコロジー（あなたを取り巻く環境）を考慮した「望ましい状態」を肯定的に魅力的な表現にすることです。

また簡単でかまわないので、確実に実行できる具体的な「スモールステップ行動」にすることです。

▶3行日記を3ステップで書こう

1行目 ｜ 問題

自分で問題だと思うこと

「厳しいことをいうのが苦手で、部下の失敗を注意できなかった」

⬇

2行目 ｜ 望ましい状態

自分で問題だと思うこと

「後輩と信頼関係を築き、うまく注意してチーム力アップ」

⬇

3行目 ｜ スモールステップ行動

望ましい状態の実現のために実行できること

「明日の通勤電車で読んでないコーチングの本を読む！」

- すべて1行で書く
- 望ましい状態を肯定的に魅力的な表現にする
- 確実に実行できる具体的な行動にする

STEP

5

意図的・習慣的・計画的に工夫して行動を変えていく

ＳＴＥＰ５では、基本テクニックとして「基本行動法」を紹介する。
これは必ずやらなければならないものではなく、
思い出したときに行う。期間を決めて実践してみよう。

1　7つの方法で毎日の行動を修正し秩序を課し
成功体験を得ながら積み重ねていく

2　「紙に書くと実現する」魔術的な力で目標達成の
可能性を確実に強める

3　自分が達成したい具体的な内容や結果を絵と文に
描いて言葉で読み上げる

4　自分の望ましい状態をイメージして現在とのギャップを
変化させていく

5　「3つのR」を生活に取り込んで休息、気分転換、
リラックスを心がける

17 7つの方法で毎日の行動を修正し秩序を課し成功体験を得ながら積み重ねていく

日常的に、いつでも自分の行動について修正できることが大切です。7つの行動修正法について紹介します。メンタルタフネスのための基本行動法として実践してみましょう。ただし、ストレスのレベルが高いときには、まず自分を癒したり、ストレスのレベルを下げてエネルギーを回復させてからです。

(1) あなたの生活を、できるところで秩序を課すこと

約束の時間は守り、仕事の記録をきちんとつけ、運動や身体のケアを定期的にし、手紙には返事を書き、定期的に読書をし、規則的に食事や睡眠をとるよう努力することです。秩序はあなたのパワーを効率よくします。そして、秩序を保つことで、自分はきちんとした人間であり、それが一般化して、価値や能力があるという感覚を強めてくれるかもしれません。

(2) 自分の外見や自分に関係のあるものに気をかけること

清潔にし、身なりをよくし、靴もきれいにし、自分の部屋もきれいにしましょう。自分の外見や自分に関係のあるもの、場所をよくする努力は、そうする理由があるように感じさせてくれます。

（3）パワーレスな時、やりかけの物事は途中でやめないこと

見通しが暗い時は、パワーレスな状態（やる気がない、エネルギーがない）になりがちです。運動や勉強をやめたり、努力をしないほうが容易に感じるかもしれません。しかし、強いて続けていくべきです。

そうしないと「自分は意志が弱い人間だ」「いつも中途半端で最後までできない」という思いを強めてしまうかも知れません。しかし、やり抜くことで「自分は決めたことはやり抜ける人間」「意志は強いほうだ」という思いを強化できます。

（4）気分転換の時間を積極的にもとう

休みに部屋でゴロゴロしているだけでなく、積極的な気分転換をしましょう。部屋でビデオを見るなら、映画に行ったり、ドライブや日帰りでも温泉に行ったり、ふだんやらないことがよいでしょう。

（5）少し厳しい自分との約束をして守ること

自己に対する基本的な信頼感を高めるためには、自分との約束を実行することです。自分自身で実行するには少し努力のいる厳しめの約束をし、その約束を守り抜くことです。

自分との約束を守ることで、自己に対する信頼感が育ってきます。

（6）ある一定の期間、自分の問題について話すのをやめること

悩みや不平について話してばかりいると、あなたの人生には悩みや不平以外語るべきものはないと感じるようになります。まず1日、そして1週間、話をやめてみましょう。

（7）以前したことがなかったようなことをしてみること

以前には話をしなかったような人と話をし、行かなかったような場所に行き、しなかったようなこと（他人が「いい歳して」とか「よくやるね」と言うかもしれないが）をしてみることです。

反復性のある自動的なことしかしないのでなく、新鮮な感情や感激をもち込めるような経験や活動を探すのです。それらは、あなたの新たな喜びや可能性を強めてくれるはずです。

これらの課題も成功体験を得ることが大切です。小さな達成感でも小さな成功でも、それらを積み重ねていくことで、あなたのセルフイメージは高まってくるのです。

したがって、上記の課題は短期間で行い達成することが必要です。1週間から長くても1ヵ月の期間の課題にして達成してください。達成のあとに仕切り直して、しばらくしてからでも新たな課題を実行してください。

▶7つの行動修正法を実践しよう

1. あなたの生活を、できるところで秩序を課すこと
2. 自分の外見や自分に関係のあるものに気をかけること
3. パワーレスな時、やりかけの物事は途中でやめないこと
4. 気分転換の時間を積極的にもとう
5. 少し厳しい自分との約束をして守ること
6. ある一定の期間、自分の問題について話すのをやめること
7. 以前したことがなかったようなことをしてみること

◎これらの課題の成功体験を得る
◎小さな達成感でも小さな成功でも積み重ねていく
◎課題は短期間で行い達成する
◎1週間から長くても1ヵ月の期間
◎達成のあとに仕切り直しをする
◎しばらくしてから新たな課題を実行する

2 「紙に書くと実現する」魔術的な力で目標達成の可能性を確実に強める

「書くことには魔術的な力がある」という言葉もあり、目標を紙に書くことは非常に強い影響を私たちに及ぼすようです。「紙に目標を書くと実現する」と多くの成功者が言っています。

実際にやってみると、100％実現できるわけではないのですが、目標の種類によっては目標を紙に書くのと書かないのでは、やはり大きく差が出るようです。

最近では「夢は、紙に書くと現実になる！」（Ｈ・Ａ・クロウザー著　ＰＨＰ文庫）という書名の本まで出ているほどです。その本のはじめには「古代エジプトの人々は、夢をかなえるために、その夢を紙に書いていました」とあります。

ある能力開発の大家は、飛び抜けた成功を成し遂げた人と、ほどほどの成功しか遂げなかった人との大きな違いの一つは、「偉大な成功を成し遂げた人々は、必ず人生の目標を達成するための計画を書き表していた」ともいいます。

その効果の理由の一つに「思考の結晶化」をあげています。目標と計画を書きあげることにより、

・目標達成に必要なあらゆる細部の点にまで気を配り、精神を集中できるようになる
・もし目標への道をはずれたときは、紙に書かれた目標と計画が元に引き戻して目標へと進ませてくれる

といいます。したがって、私たちの目標達成の可能性が強まるのです。

また、目標を紙に複数書くことで、達成したいと考えている目標を同時に検討することもできます。その結果、目標の取捨選択ができ、優先順位をつけることもできます。

さらに、目標を紙に書くことは、その達成によってもたらされる利益や恩恵と、そのために必要なコスト、つまり必要な時間、努力、費用などを全体としてとらえることにも役立ちます。そして、目標について紙に書いているときは本当に不思議なことに、

・「これは不可能だ！」「難しすぎる！」というような考えが出てこない
・紙に目標を書いている時は何だか目標が達成「できそうな気」がしてくる

のです。これは、「願望」「確信」「予期」のまさに「予期」の感覚なのです。この感覚が感じられるということは、セルフイメージ自体が変ってきている証でもあるのでしょう。

そして、目標を書くことで、自分の達成シーンや成功を視覚化、ビジョン化するキッカケになるのです。自分が立てた目標が、実際に実現した状況を具体的、あるいはシンボリック、象徴的に感情とともにイメージができれば、それは意識的にも無意識的にも、あなたを

目標達成に駆り立てたり、後押しする推進力、原動力になるのです。

また、他の脳力開発の大家は、願望を潜在脳にプログラムすれば、あまり細かい計画にこだわらなくてよいといいます。

潜在脳に願望がプログラムされていれば潜在脳の叡知が働いてひらめきや直感が得られ、それを活用することが成功につながるというのです。しかし、そのためには潜在脳を活性化するための瞑想が大切な要素になるのですが。さて、そして紙に書くということは、

・行動に対するある種の自己誓約書にもなる

・主観的な想いから客観的で形に残る、現実的、永続的な意志表明となる

のです。また、「文字を書く」という行為は、書いたものがより記憶に残り、また脳全体を活性化させる効果があるといわれています。パソコンのキーボード入力や、携帯メール入力では、あまり活性化しないそうです。したがってパソコンではなく、自分の手で目標を書くことが大切なのです。

【実習・・栄光の日】あなたにとって喜びと満足を心から感じる望ましい未来、栄光の日を想像して詳しく書いてみてください。そして、この栄光の日を毎日、思い出して何回もイメージしたり、読み直してみることを継続していきます。

▶ 紙に書いてマジックを起こす

紙に目標を書くとそれが実現する！

- 目標達成に必要な細部にまで気を配り、精神を集中できるようになる
- 目標と計画が元に引き戻して目標へと進ませ、達成の可能性が強まる
- 目標を紙に複数書くことで取捨選択ができ、優先順位をつけられる
- 利益や恩恵、必要なコスト、時間、努力、費用などを全体としてとらえられる
- 何だか目標が達成できそうな気がしてくる
- 自分の達成シーンや成功を視覚化、ビジョン化するキッカケになる
- 目標達成に駆り立てたり、後押しする推進力、原動力になる
- 行動に対するある種の自己誓約書にもなる
- 主観的な想いから客観的で形に残る、現実的、永続的な意志表明となる
- 書いたものが、より記憶に残り、また脳全身体を活性化させる効果がある

これだけの効果がある

3 自分が達成したい具体的な内容や結果を絵と文に描いて言葉で読み上げる

セルフトークや、目標を紙に書くという言葉を使う方法は、主に左脳を活用する方法です。しかし、より効果的に脳に影響を与えるにはイメージを使い、右脳に働きかけるようにします。そのためには、簡単なイメージからより具体的な自分の望むイメージを作れるように訓練をすることです。絵を描いて右脳を活性化するのです。

「先生、笑わないでくださいね。こんなんでいいですか?」

彼女が見せてくれたのは、画用紙にクレヨンで描かれた絵でした。表彰台の一番高い位置で金メダルを下げている彼女が描かれていました。

私は「この絵を毎日見て、瞑想の時、そして思い出すたびに、音も体の感覚もリアルなこんなイメージを10数秒でもいいから想い描いてください」と伝えました。その数年後、彼女は世界陸上で、その種目で日本人では初めて金メダルを下げ、表彰台の一番高い位置に立ったのでした。

「先生! いったいうちの選手に何したんですか!」

半年ほど指導していた競泳の選手のコーチは、私が電話に出るなりそう叫んだのです。私は意味がわからず「あの、どうしたんですか?」と訊きました。すると「彼女が大学選手権で優勝したんですよ! しかも2種目で!」というのでした。

その選手は中学時代に出した記録からその後の活躍を期待されていたものの、それから自己記録を更新できていなかったのです。それがメンタルトレーニングを受けて半年足らずで自己記録を更新し、大学選手権で2種目で優勝してしまったのです。

その選手には特別なことなどしていませんでした。毎日の瞑想、セルフトーク、目標を文字で毎日書く、そして絵を描いてもらっただけです。絵を描くことも「魔術的な力」があるのです。彼女が何を描いたかというと、自分がプールで最も望ましい泳ぎをしているシーンです。彼女には、次のことを指示しました。

- **パフォーマンスの「内容」をクレヨンで描く**
- **言葉で具体的に身体の動きを説明書きする**
- **毎日これを見て言葉を読み上げ、1~2ヵ月ごとに絵を描き直す**

陸上の選手が描いたのは「結果」でしたが、彼女の場合は「内容」です。2人の選手以外にも優勝やメダル、いいパフォーマンスの絵を描いてもらい、かなりの数の選手がそれを現実のものにしています。

このように、絵、つまり視覚イメージを活用することは非常にパワフルな方法なのです。脳が記憶する情報は言葉よりイメージのほうが圧倒的に多く、その差は約1千倍だともいわれます。

姿や顔は思い出せても、名前が浮かばないという経験があると思います。これは、言葉よりイメージのほうが脳にはるかに強く印象づけられる一例でしょう。

私たちの脳は、言語や論理の脳力を発達させる代わりにイメージを活用する脳力を低下させてしまったといわれています。せっかくの右脳の力が宝の持ちぐされ状態になり、潜在脳力となってしまったのです。

したがって、「イメージがうまく描けない」「絵は苦手なんです」という人も多くいます。そのような人は、言語を使ったセルフトークや目標を書くことから始めていけばいいでしょう。イメージ脳力は訓練で開発できるのです。

もう一度、「あなたが達成したい目標の素晴らしさ」を再確認してみませんか？　一つの方法として、「達成した状況」を絵に描くことをお勧めします。

絵が苦手なら、「達成した際に得られるもの」の写真イメージをネットからたくさん集めてきて、それを1枚の紙に貼り付け、自分だけの「達成欲求の刺激シート」を作ることでもいいのです。

▶ 結果や内容をイメージして絵を描く

陸上の選手が描いた絵

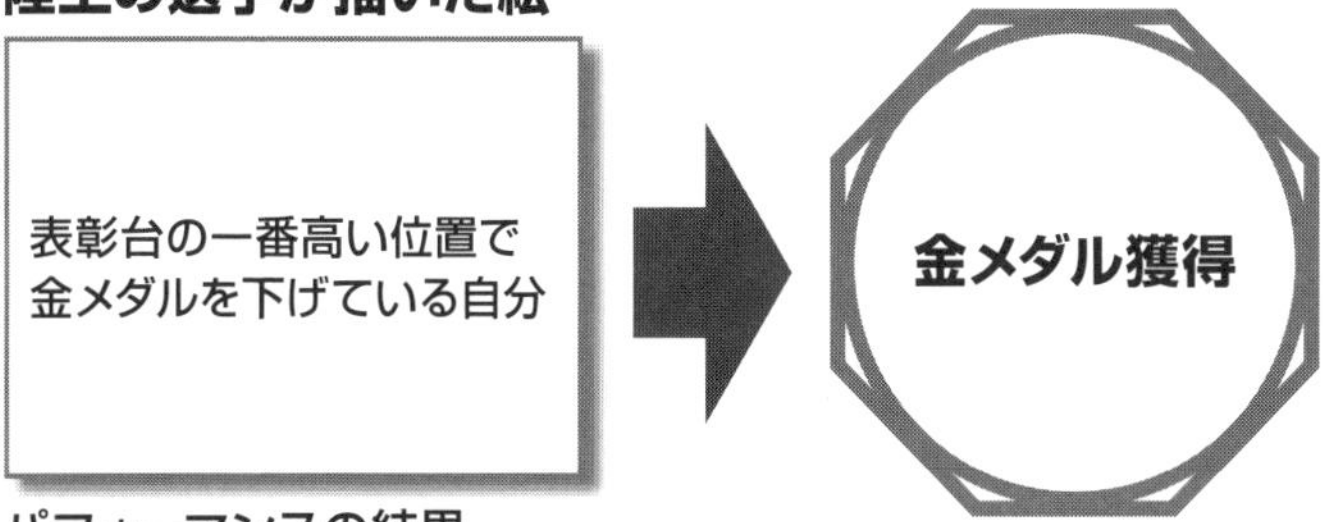

パフォーマンスの結果

競泳の選手が描いた絵

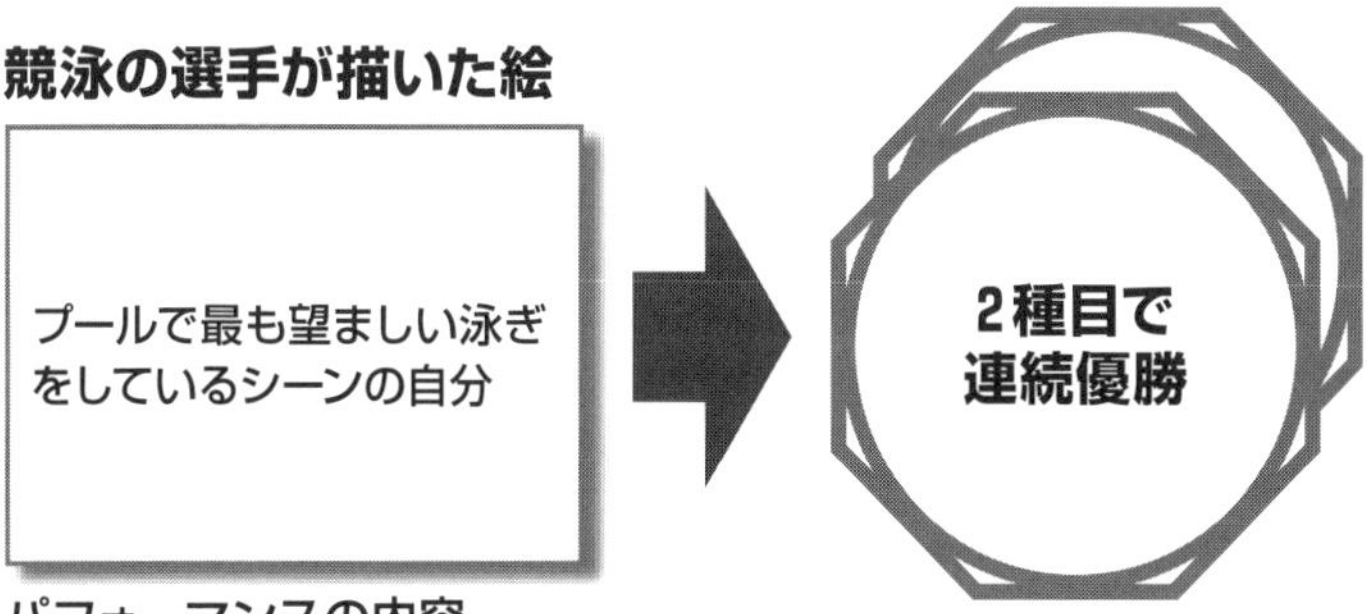

パフォーマンスの内容

- 自分のパフォーマンスの絵を描くことには魔術的な力があり、多くの人たちがそれを現実のものにしている

4 自分の望ましい状態をイメージして現在とのギャップを変化させていく

成功や達成、課題解決を図っていくのに、何をさておいても大切なのが「望ましい状態」です。

望ましい状態とは、

・あなたにとっての価値ある目標や課題が実現したイメージ
・魅力ある肯定的な未来像としてのビジョン

です。

一般的な表現でいえば「成功イメージ」といってよいかも知れません。

メンタルにタフであるためには、成功するために、最初に、あなたは望ましい状態、ビジョンをもたなければならないのです。

成果を出す人は、自分にとっての価値、目標がはっきりしているのです。

「本当にしたいことは何か」「夢は何か」「人生の目標は何か」「どんな希望や願望を実現したいか」と問いかけ、それを見つけていくことが成功の秘訣といってもいいでしょう。

ここで大切なのは、自分にとって望ましいだけでなく、自分のエコロジー（あなたを取り巻く環境）にとっても望ましい状態を考えて創り出すことです。

このエコロジーとは、ビジネスでは社会、業界、会社、組織、上長、チームメンバー、顧客などでしょう。さまざまな多面的な視点から望ましい状態を検討することが大切です。

・問題が解決されたら具体的にどうなって、何が起きているか？
・どうなったら満足できるか？
・望ましい状態って具体的にどんな状態か？
・家族は？　友だちは？　恋人は何と言っているか？
・うまくいっているときのチームはどんな状態か？　メンバーは何と言っているか？　上長は？　顧客は？
・顧客から見た望ましい状態って？　部下から見た望ましい状態って？

人間は１人だけでは生きていけません。家族、職場、友人関係、地域、社会、国家など人の関係の大きなシステム、または人間、動物、植物、環境という大きなシステムの一部なのです。

それゆえ、私たちの望ましい状態、願望や目標は、それらが実現したときの大きなシステム（エコロジー）のレベルで考えなければならないのです。

なぜならば、個人の目標を実現したとしても、より大きなレベルのシステムで良くない影響が生まれることがあるからなのです。

望ましい状態というのは、単なる自己中心的な、自分だけに役立つものではなく、エコロジーを重視した、より豊かな人生や世界を創り出すための目標や願望がベターなのです。的確な望ましい状態をつくりあげることが求められます。

そのために、次の6つの条件を満たすことが望ましいのです。

①結果が肯定的に表現されていること
②結果が検証可能なものであること
③変化が自己のコントロール下にあること
④現在の状態において見られる肯定的な要素が保たれること
⑤結果がその状況において明白かつ適切なものであること
⑥結果が外的なエコロジーと適合するものであること

望ましい状態、望ましい結果を描き出せたら、現在の状態とその間に何らかのギャップがあります。そのギャップこそ変化させなければならない問題になるのです。

▶ 現在の状態と望ましい状態のギャップを見つける

エコロジーは大きな影響システム

望ましい状態は自分にとっても、自分をとりまく環境にとっても望ましくなくてはいけない。結果は外的なエコロジーと適合するものでなければならない

5 「3つのR」を生活に取り込んで休息、気分転換、リラックスを心がける

建設的に生きようと努力しているときにも、ストレスケアを忘れないようにしましょう。ストレスで燃え尽きそうでは、エネルギーが低下してしまいます。ストレスケアは、次の3つのRが大切といわれています。

・Rest（レスト）……………休憩、休息
・Recreation（レクリエーション）……気分転換、娯楽
・Relaxation（リラクゼーション）……リラックス、癒し系

3Rを生活の中にバランスよく取り入れ、意図的、習慣的、計画的に行うように心がけてください。

（1）意図的に行う

疲れたり、ストレスに気づいたら、すぐさま3つのRを行うことが大切です。ポイントは、すぐにできる簡単な方法で、少し気分をよくして、その時にやることに取り組むことです。

（2）習慣的に行う

自分の生活の中で、毎週決まった曜日は時別の用がない限り家でゆっくりするとか、趣味の時間にするとか、癒しの時間に使うとか習慣化しましょう。

(3) 計画的に行う

時には、まとまった休養や気分転換、あるいは癒しが必要です。大きな気分転換法は、生活の中の大きな愉しみにでき、そのために頑張ることもできます。自ら計画し、愉しむ工夫ができるようになれたらいいでしょう。

まずストレスを感じたら、休息をとることが大切です。要は「疲れたら休め」ということです。休めないときは、睡眠時間を多くし、ゆっくり眠ることも役に立ちます。

気分転換の方法は、時間がなくとも簡単にできるものを複数もつことが望ましいでしょう。やりすぎると不健康なもの一つしかないと、それが不健康な依存になってしまう可能性があるからです。

【レクリエーションの例】

- 背伸び、ストレッチ、肩の上げ下げをする
- 歩く、走る、泳ぐ、体操をする、踊る、筋力トレーニングをする
- 美しい／かわいい／迫力のあるもの(自然／人／映像／芸術など)を見る
- マンガ喫茶に行ってマンガを読みまくる

・いい気分になれる音（音楽／自然の音など）を聞く
・通勤ルートを変える
・部屋の掃除をする
・歌ったり大声を出す（カラオケでシャウトする！　海に向かってバカヤローと叫ぶ）
・楽器を演奏する
・絵を描いたり、文を書いたりする
・美味しいもの／好きなものを食べる、飲む
・家族や友だちなど愛する人／好きな人とおしゃべりをする
・ペットなど動物と遊ぶ
・趣味を持ち自分の好きなものを楽しむ

リラクゼーションは、最近では音楽療法やアロマテラピー（芳香療法）、ウォーターリラクゼーションなども流行っています。

場所や道具もいらずいつでもどこでも簡単にできる自分なりのリラックス法をもつことはとても役に立ちます。

腹式呼吸や筋肉弛緩法を試したり、自然とふれ合ったりして、思い切り身体の力を抜いてリラックスしてみましょう。

身体の力を抜いてリラックスする

腹式呼吸

①楽な姿勢で大きくゆっくり口から息を吐く
（お腹の空気をすべて出し切る気持ちで）
②息を吐き切ったらそのまま3つ数える
③ゆっくり鼻から吸い込む
（お腹に空気を送り込む気持ちで）
※これを5回繰り返す

筋肉弛緩法

①仰向けで大の字になって寝る
②目を閉じて、手を握りしめ、全身に力を入れる
③（②の状態を）数秒間力を入れたまま保つ
④ゆっくりと力を抜く（力が抜けた感覚を全身で味わい、
リラックスした状態を身体で覚える）
※これを2回繰り返す

自然とふれ合う

・自然（の緑など）とふれ合う
・草や木や花や鳥や風や月や星や空や雲や太陽などとふれ合う
・水の流れや波に見入り、耳を澄ます
・温泉や健康ランドなどでまったりする
・音楽を聴く
・ラベンダー、カモミール、レモンなどの香りをかぐ

STEP

6

考え方・態度を建設的にして自分を改善していく

STEP6からは、基本テクニックを補助するものとして応用テクニックについて紹介していく。

まず自分の考え方や態度を建設的にしていくことでメンタルタフネスになろう。

1 「問題志向」ではなく望む結果にフォーカスした「解決志向」で考えよう

2 自分を後押ししてくれるイメージをもって将来を肯定的に考え、表現する

3 単純なプラス思考ではなく「建設的に」考え、話し、行動する

4 これこそ成功する自分らしい「セルフイメージ」を描けるようにする

5 目標到達への能力「自己効力感」と欠点を認める「自己受容度」を高める

6 成功を考えたり話したりするほど起こる確率は高くなる【強化の原則】

7 信念にもとづいて行動をすると背後の動機が強化されそれ以上信じさせる

1 「問題志向」ではなく望む結果にフォーカスした「解決志向」で考えよう

私たちは何かあると問題について話し、問題について考えることで問題を解決しようとします。一般にある問題解決の方法というのは、まず問題が何か、問題はどこからくるのか、問題の本質は何か、問題の責任はどこか、など問題に意識を集中します。

「なぜ?」を5回は繰り返せということが、問題解決法ではよく言われることです。これをここでは問題志向と表現します。

モノづくりやシステムなどではこの考えは非常に大切で、問題解決にはなくてはならないでしょう。

しかし、この問題解決の方法をチームや人間について行うと、犯人探しになったり、問題、つまり弱みや欠点や至らない点に意識が向きすぎて気持が萎えてしまったりします。

さらには、意欲やモチベーションに悪影響をもたらしてしまう可能性があるのです。

それに対して、

解決志向（ソリューションフォーカス）とは、問題ではなく「解決に焦点を絞る」思考法、

コミュニケーション手法です。

解決志向で大切なことは、

・人を動機づけ、問題解決や目標達成の後押しをしてくれるような推進力になるイメージをもつ

・肯定的な未来や望ましい状態、ビジョンについて多く考えたり、話したりする

ことです。

そうすることで気分もよくなるし、私たちにエネルギーや意欲を与えてくれます。肯定的で前向きな気分でいると脳のコンディションはよくなり、脳力は向上するのです。問題志向から解決志向へとあなたの考えや会話を変えていくことが大切なのです。

メンタルにタフな人々に最も多く見られる傾向は、彼らが問題や障害に意識や関心を向けたり、フォーカスすることではありません。

それよりも、自分が望む結果やゴールに意識や関心を向けたり、フォーカスする傾向があるのです。

以下の2つの質問の反応は、同じでしょうか？

「なぜ、そんな問題が起きるのか？　どうしてうまくできないの？」

「問題が解決され、あなたがうまくいったらどんな状態でしょうね。そのために、あなたは何をするとよいでしょう？」

多くの人が望ましい結果を得るために、障害や問題を排除しようとしてします。自分が目指す望ましい結果を意識するよりも問題排除のほうを意識しがちです。

しかし、大切なことは人を動機づけ、問題解決や目標達成の後押しをしてくれるような推進力になるイメージをもつことなのです。

問題志向から解決志向へ変えていきましょう。

・過去ではなく、未来を考える
・何がまずいかではなく、何がうまくいきそうかを追求する
・問責（責める）ではなく、前進しよう
・強制ではなく、影響を与えるようにする
・教えを垂れるのではなく、協力し合う
・欠点ばかり見るのではなく、長所（有効資源、好材料）を見る
・複雑ではなく、単純に考える
・定義（分析、意味づけ）よりも行動促進につなげる

▶ 問題志向から解決志向へ切り替える

問題志向が陥りやすいこと

- 過去
- 何がまずいか
- 問責（責める）
- 強制
- 教えを垂れる
- 欠点
- 複雑
- 定義（分析、意味づけ）

▶

解決志向が扱うのはこれだ

- 未来
- 何がうまくいきそうか
- 前進
- 影響
- 協力し合う
- 長所（有効資源、好材料）
- 単純
- 行動促進

問題を考える ▶ **解決を考える**

2 自分を後押ししてくれるイメージをもって将来を肯定的に考え、表現する

解決志向の基本的哲学というものがあります。それは次のようなシンプルなものです。

① まず肯定的にみる

②「うまくいっていること」を見つけ、それを増やす

③ うまくいってないことは止めて違うことをする

肯定されるということは大切なことです。私たちは否定されると怖れや不安を感じたり、傷ついたり、意欲や活力が低下してしまうことが多くあります。

人は肯定されることによって、変化への余裕が生まれるのです。

解決思考を実践するのに、問題志向とのちがいを質問の仕方で比較してみましょう。

【問題志向の質問】

・どうしてうまくならないんですか？（答えに対してさらに）どうしてか？

・何（誰）が障害になっているんですか？

・もうどれくらいうまくいかないままなんですか？

・結果としてどんな悪影響がありますか？
・そのことで恥をかいたことがありますか？
・本当にうまくなろうという気持ちはあるんですか？
・今までの人生で他にうまくならなかったことはありますか？
・その理由は何ですか？
・それがうまくならないでいることで失っているものは何でしょう？

【解決志向の質問】

・今までのところで、できていることは何ですか？
・どのくらいうまくなったんですか？
・うまくなったら、どんなことが実現しますか？
・そのために何をすればいいのでしょう？
・何があれば一歩進むことができますか？
・うまくなることを援助してくれたり、喜んでくれるのは誰ですか？
・うまくなるために今までしたことで有効だったのは何ですか？
・今までほかにうまくなったことがありますか？
・それはどんなキッカケでしたか？

・これがうまくなることは、あなたにとってどんな意義があるのですか？

解決志向とは、肯定的な未来、建設的な方向について考えることです。しかし、その記述の仕方というか表現の仕方も肯定的にすることが大切です。例をあげましょう。

私は2人のサッカー選手に、もしうまくいったらどんな状態になっているか、どんなプレーをしたいのかと質問をしたら、その選手は次のように答えました。

A選手「試合前に不安も緊張もなくなり、ミスや失敗のことを考えずにプレーできています」

B選手「リラックスと同時に集中し、周りをしっかり見て、積極果敢にプレーしています」

A選手は自分が体験したくないことの否定を述べています。したがって、肯定的といえば肯定的なのですが、彼の頭の中のイメージはほとんど否定的な出来事が占めているのではないでしょうか。

大切なことは自分を動機づけ、後押ししてくれるような推進力になるイメージをもつことなのです。そのためには肯定的な将来をイメージできるような肯定的記述や表現を使うことです。

左ページ図のように、考えることは時間軸と肯定的・否定的軸によって4つの象限に分かれます。考えるべきなのは肯定的未来です。

▶ 肯定的な未来について考える

考える4つの象限

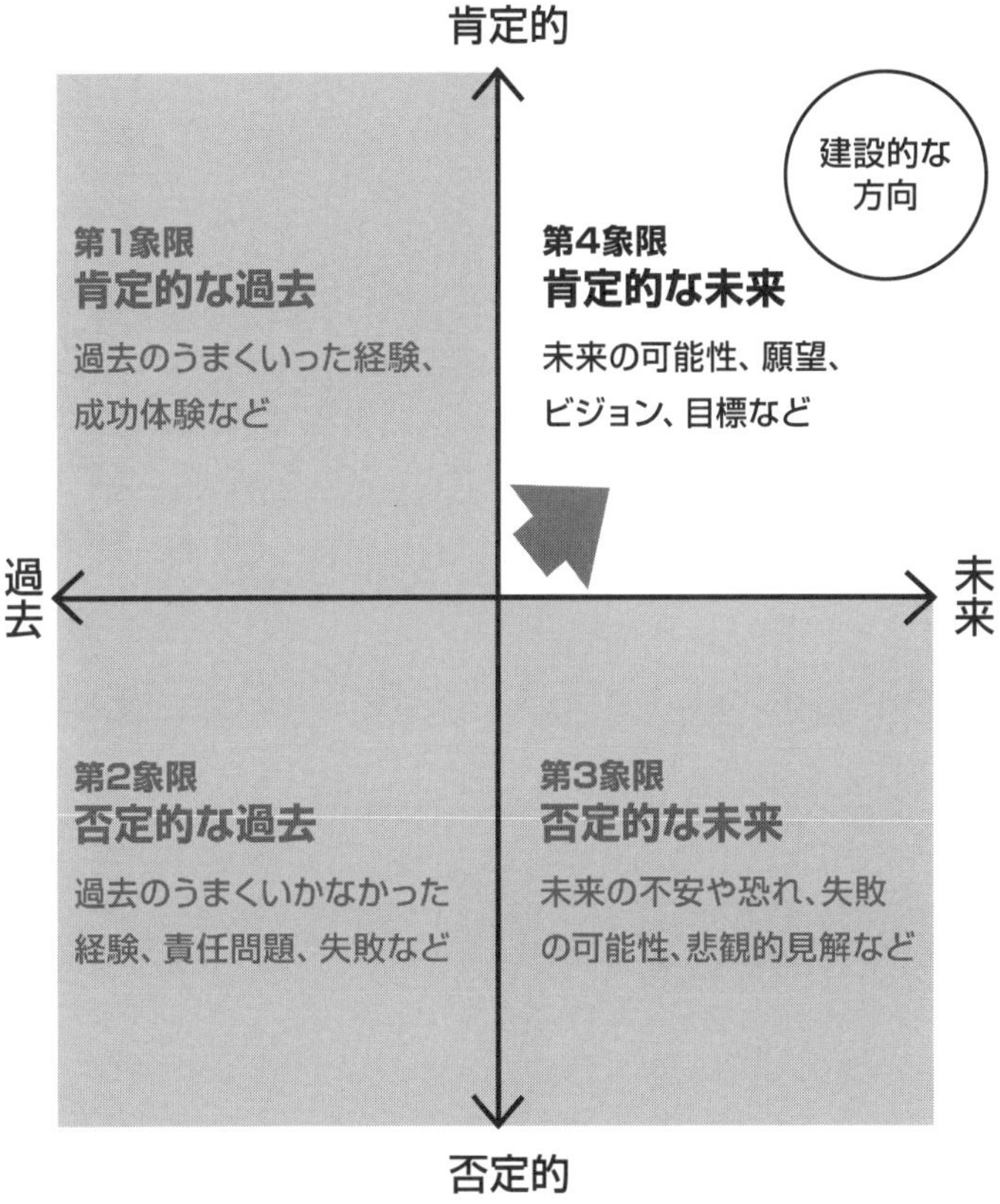

◎大切なの第４象限の肯定的な未来

◎この象限は建設的な方向へと私たちを導いてくれる

3 単純なプラス思考ではなく「建設的」に考え、話し、行動する

解決志向は、ある意味ではSTEP1で説明したプラス思考で考えて話そうということです。メンタルにタフで成果を産み出す人は、プラス思考が多いというのは事実なのですが、しかし、単純にプラス思考であればいいというわけではありません。

私たちが単純に考えるプラス思考とはどのような考え方なのでしょうか。「すべて前向きに物事を考える」「否定的な考え方はしてはいけない」「いつも強気で物事を考える」など、このような思考のことをプラス思考と呼んでいるようです。

しかし「やたらプラス思考の人」「不自然に強気な人」というのを見かけると、何か不自然で無理があるように感じられます。確かに、プラス思考の多くは役立ち、否定的なマイナス思考ほど危険はありません。しかし、やはり落とし穴があるのです。

たとえば、頭の中の考え方が心地よいという理由で、実際に起きていることを見ないふりをしてしまうこともあるのです。この現実との乖離や分離が問題を引き起こすことになりかねません。よく私は研修や講演で受講生に質問したりします。

「あなたが天候の悪い中を海外に行くため飛行機に乗るとしたら、やたら楽天的で自信家のパイロットと、細かい部分やわずかのリスクでも気にする少し心配性のパイロットと、どちらの飛行機に乗りたいですか?」と。

多くの人は、自分の命を預けるならば、少し心配性くらいのパイロットがいいと答えます。所かまわずバラ色のメガネをかけて「すべてがうまくいく!」「すべてがすばらしい!」と、いつも考えていると現実を見誤ることになるかもしれません。

スポーツでもビジネスでもプラス思考で自信家、強気な人が成果を上げることは多いでしょう。しかし、プラス思考であるが故に現実を見誤り、周囲からの注意やアドバイスを否定的という理由で無視して、消えていったり失敗した人も何人も見てきました。

また、プラス思考過ぎるのも、人間関係においては無神経だとか、人の心の痛みがわからないと言われ、大事な関係にマイナスになることもあるかも知れません。本当に役立つプラス思考は、どんな物事もバラ色の色眼鏡で見て、すべてが本当によいことで、すばらしいことだと考えることではないのです。

すべてがよいことだと解釈するレベルでは柔軟な考えはできません。大切なことは、柔軟に考え、それが自分や周囲に、

・建設的か

と考えていくことなのです。その考えが自分や周囲にとって「建設的」「建設的でない」のレベルで考えれば、「正しい—間違っている」「肯定的—否定的」「良い—悪い」で判断するよりも、より柔軟な考え方ができるようになります。

しかし、建設的だからといって事実に反しては嘘になります。自分に嘘をつけば真実や事実を見誤りますし、嘘は露顕すれば信頼を失わせます。

・建設的でないか

以下の5つの要素を検討して自分の思考をチェックしましょう。

①その考えは、自分（組織）を高めるために建設的にはたらきますか？
②その考えは、自分（組織）の目標を達成するために建設的ですか？
③その考えは自分（組織）が一番困っている悩みを解決したり回避するのに役立ちますか？
④その考えは、自分（相手）に望む気持ち（勇気、リラックス）をもたらしてくれますか？
⑤その考えは、事実にもとづいていますか？

▶ 解決志向で柔軟に考える

建設的に考える5つの条件

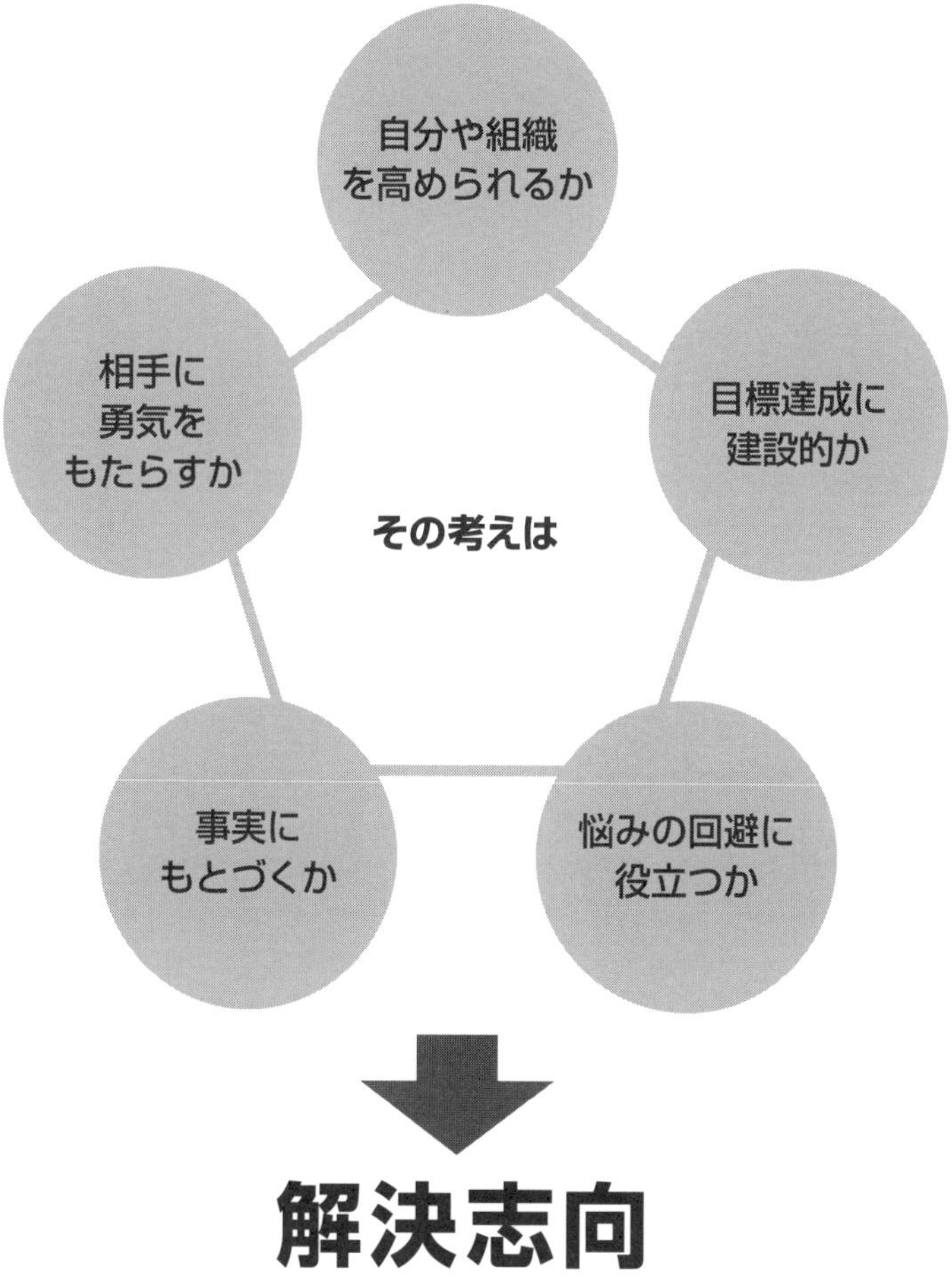
自分や組織
を高められるか
目標達成に
建設的か
悩みの回避に
役立つか
事実に
もとづくか
相手に
勇気を
もたらすか
その考えは
解決志向

4 これこそ成功する自分らしい「セルフイメージ」を描けるようにする

「セルフイメージ」とは、私はどんな人間であるかという自己概念です。自分が自分に対してもっている考え、見解、印象、評価、イメージのことです。

私たちが子供のころからの、思考と経験、称賛と屈辱、成功と失敗、他人からの評価などの繰り返しによって作り上げられた自分についての信念体系、イメージといっていいでしょう。

世界中の金メダリストについてわかっていることは、「自分が金メダルを取ることが当然」であり、それが最も「自分らしい」と思っていた選手が非常に多いということです。

世界大会ともなれば、実力は紙一重、誰が金メダルを取ってもおかしくない極限の状況です。そんな状況で金メダルを取るには、自分が勝つのが当たり前といったセルフイメージをもった人が勝つということなのです。

人にはそれぞれ、これが最も自分らしいというセルフイメージがあります。ボウリング、ゴルフのスコアもそうですし、数学が得意、英語が得意、人前で話すのが苦手、舞台に立つと緊張するのもそうです。試合で勝ちたいなと思う人もいるし、当然勝つ、それが当たり前と思っている人もいます。

金メダルを取る人、何をやってもうまくいく人は、それが最も自分らしいというセルフイメージをもっているのです。そして、ほとんどの人がそれを変えようとは思ってなくて、また、変えることのできないものと思い込んでいます。

セルフイメージは、自分らしく安心して行動できる一定の領域であり、この領域の間にいる限りセルフイメージは平穏で何の干渉も起こりません。これは「快適領域」（ｃｏｍｆｏｒｔ‐ｚｏｎｅ）と呼ばれています。

たとえば、ボウリングを行っているときを思い出してください。仮の自分のアベレージを１２０くらいと思っていて、人にも公言しているとします。ところが実際にはストライクが連発で、このままでは驚くほど自分のアベレージを上回ってしまいます。

そうすると無意識にフッと「こんなはずはないな。そろそろガーターとか出たりするんだよな～」と考えてしまったりします。案の定、ガーターやスペアがとれなくなり、だいたいアベレージは１２０前後におさまるのです。

逆の場合もあります、ガーターの連続が続いて、そのままでは驚くほどアベレージを下回ってしまいそうになると「おかしいな。そろそろ調子が上がってくるはずだ」と自然に考えて、そうすると案の定ストライクが出たり、やはりアベレージは１２０前後に落ち着くのです。

自分の思っているアベレージ（セルフイメージ）と違う結果が出そうなとき、心の中で自動的に変化が起こり、最終的には自分の思っているアベレージに限りなく近づいてくるのです。自分の思っているアベレージと違う結果が出そうになると、それがよくても悪くても居心地が悪くなるというわけです。

自分の快適領域以下の結果が出そうなときにはセルフイメージが働き、その領域の中に戻るまでふだん以上の力を与えてくれるし、逆に快適領域以上の結果が出そうなときには元に戻るまでセルフイメージがブレーキをかけるのです。

たとえば、自分は人づき合いが苦手だというセルフイメージがあれば、人づき合いが苦手な人の言動を、無意識に選択しています。自分には自信がないというセルフイメージの人は、自信のない人のようにふるまおうとします。

多くの人が効果的にセルフイメージを変える方法を知りません。しかし、本書で紹介する、さまざまなトレーニング手法を使って、継続すれば、セルフイメージを効果的に変えることは可能になるのです。

そのための基礎になるのが瞑想とセルフトークです。

望ましいセルフイメージをもつようにする

セルフイメージ

「私はどんな人間であるか」という自己概念

自分が自分に対してもっている
考え、見解、印象、評価、イメージ

成功する人、何をやってもうまくいく人

それが最も自分らしいというセルフイメージをもっている

×　自分を変えられないと思っている

▼

○　望ましいセルフイメージに変えていこう

5 目標到達への能力「自己効力感」と欠点を認める「自己受容度」を高める

自分にある目標に到達するための能力があるという感覚を「自己効力感」といいます。自己効力感の高い人は、建設的な「セルフイメージ」をもっているといえるでしょう。

あなたの「自己効力感」はどのくらいでしょうか。左ページの項目についてチェックをしてみましょう。たくさん当てはまる人は、自己効力感の高い人です。

自己のもつ弱さや欠点を知った上で、自己を受け容れることができることを「自己受容度」といいます。自己受容度も、項目についてチェックしましょう。

自己受容度のチェックが多い人は自己に関する人の評判もあまり強く気にせず、むしろその機会に自己を振り返り、自己の人格の改善に役立てようとする心のゆとりをもっていると考えられます。

自己受容度が高い人は精神的に健康であると考えられています。自己効力感が高くても自己受容度が低いならば、隠された動機の裏返しの自己イメージか、挫折や失敗に弱いとも考えられます。

【自己効力感チェックテスト】

□自分が立てた計画は、うまく処理できる自信がある
□たとえ失敗しても、最後までやり遂げることができる
□失敗すると、余計にやる気が出てくる
□困難な仕事も挑戦としてとらえ、それに立ち向かうことができる
□何かをしようと思ったら、すぐにとりかかる
□自分は、周囲や社会にとって必要な人間と思う
□嫌なことがあっても、自分は何とかうまく処理できる
□自分をとりまく状況や将来起こりうる出来事をある程度把握できる
□たとえ困難な出来事に見舞われても、それに圧倒されず、そのことの意味をしっかり理解できる

【自己受容度チェックリスト】

□私は自分の弱点をさらけ出すこともできる
□私は完璧ではなくても満足できる
□私は自分が不完全だからということで悩むことは少ない

□自分の弱さを率直に認めることができる
□私は傷つきやすい自分を怖れない
□自分自身を飾って人に見せようとするより、ありのままである方が大切だ
□私はほかの人を素直に受け入れることが大切であると思う
□私は自分のミスを受け入れることができる
□私は悲しみに直面できる
□私はほかの人からの批判を素直に聞ける

私たちは、人生をよりよくするために何かが変わらなければいけないことはわかっています。しかし大半の人が変えることをせず、他人や環境が変わることを求めてしまいます。

たしかに、セルフイメージは簡単には変えることはできません。

セルフイメージはそれ自身が快適領域にいるわけで、快適な領域を脱しようとしたときにセルフイメージは抵抗するからです。

しかし、自己効力感や自己受容度を高めたり、いろいろな手法によりセルフイメージは書き換えることができるのです。

▶ 自己効力感を育てよう

自己効力感

自分にある目標に到達するための
能力があるという感覚

4つの体験を積み重ねていくことで自己効力感は高まり、
困難に前向きに立ち向かえるようになる

1 直接成功体験

いきなり難しい課題に取り組むのではなく、手の届きそうな課題から取り組む

2 代理体験

自分と同じように努力している人が成功する姿を見る

3 周囲の肯定的評価

仲間を作りお互いをほめ合う

4 生理的変化の体験

うれしくなる、楽しくなる、体調が良くなる

6 成功を考えたり話したりするほど起こる確率は高くなる【強化の原則】

瞑想という強力なテクニックを実践し、基本的な心身の改善を進めましょう。また、ふだんの生活の行動も意識して変えるようにします。そのための原則のひとつ「強化の原則」を紹介しましょう。

強化の原則とは、「起こることについて、考えたり話したり書いたりすればするほど、そのことが起こる確率は高くなる」ということです。つまり、

・成功についてしゃべればしゃべるほど、考えれば考えるほど、想像すれば想像するほど、成功する確率は増える

・失敗についてしゃべればしゃべるほど、考えれば考えるほど、想像すれば想像するほど、失敗する確率は増える

のです。私もこの強化の原則についてはおもしろい経験があります。

あるJリーグのチームのメンタルの指導をしていたときの話です。そのときの、そのチームのストライカーで日本代表だったA選手とのやり取りです。

「この数試合のシュートが見事に全部ゴール枠にあたるんですよ！　あの枠なんかせいぜい10数センチでしょ。狙ったって当たらないですよ。実際に練習の後でゴール枠を狙ってシュートしてみたんですけど、やっぱり枠には当たらないですよ。それが試合になってゴールを狙うと不思議と枠に当たるんですよね。いや、不思議ですよね」

「Aさん。この話は私以外にも話したりしてる？」

「ええ、チームのみなとも、うちの奥さんにも話しましたよ」

「こんな話をしてると、次の試合でも枠に当たるような気がしてこない？」

「あっ、これってよくないですよね！　メンタルの講義で習いましたよね」

「そう、強化の原則ってやつね。これから一切『枠に当たる』ことについて話さないで」

「はい！　わかりました。でも、後輩が『今日も枠ですかー？』とかからかってくるんですよ。これはどうすればいいのですか？」

「Aさんはシュートしてどうなりたいの？」

「そりゃ、ゴールネットをゆらして点取りたいですよ」

「そうしたら、そのことを彼らに話したらいいよ。後輩が『今日も枠ですかー？』と言ってきたら、『おまえら！強化の原則だよ。オレはゴールネットをゆらすよ。おまえらもイメージしてくれ！』とか、こんな感じで言ったらいいですよ」

「はい！　そうですね。わかりました。そうしてみます！」

彼はその次の試合で見事にゴールを決め、その後のワールドカップ予選でも大観衆の国立競技場でもゴールを決めたのを覚えています。

あるとき2人の選手が試合の後に話し合っていました。

A選手「調子はどうだった？」

B選手「今日はだめだね。シュートしても見事にあさっての方向だし、パスも何回もミスッて、どうもダメだった。その後チームは崩れて、さんざんだったよ。どうも、1回ミスると続くんだよね」

B選手は、自分の失敗を話すことで思い出し（映像として頭に浮かんでくるのでしょう）、話すことで同じような失敗を犯す可能性を大きくしているのです。なお悪いことに、聞いているA選手もまたB選手と同じ失敗をする可能性を増やしているのです。

人の失敗談ばかり聞くのはやめることです。さもないと自分も同じ問題を抱えてしまいます。聞くならば、成功した体験、うまくいったプレーにしてください。うまくいったことほど論じられるべきです。

闇の時間を刻まない日時計主義がよいのです。

▶ 強化の原則を日時計主義で活用する

日時計主義

「日時計は太陽が出ているときだけしか時を刻まない。つまり闇の時間を刻まない。人間もこの日時計主義でやっていこう

＝

強化の原則

「あることが起こることについて考えたり、話したり、書いたりすればするほどそのことが起こる確率は大きくなる」

7 信念にもとづいて行動をすると背後の動機が強化されそれ以上信じさせる

「人の選択や行動は、背後にある動機を強化する」という原則について紹介しましょう。これは、あなたが何かするたびにその動機となった考えや感情が強められるということです。

何かの信念や感情にもとづいて行動するという単純な事実は、同じ考えをそれ以上信じ、感じさせるという結果を導きます。

「悲しいから泣く、そして泣くから、さらに悲しくなる」ということです。つまり、どんな行動をとるかによって、あなたの信念や人格まで変えることもできるというのです。

サッカーの熱狂的サポーターがそうです。球場に行ってそのチームを応援することでサポーターとしての気持ちはさらに強化されるのです。ケンカはいったん始まると怒りが増長し、長く続くと憎悪や怨恨に移行してしまうものです。

その最たるものが恋愛かも知れません。少しステキだなと感じたので、デートにさそったり、プレゼントをあげたり、車で送ったりすればするほど恋心は強化され、生活の中心にさえなってしまうのです。

したがって、「できそうだ」「やってみよう」「これをすることは自分にプラスになる」と肯定的に少しでも思ったら、すぐさま行動することが大切です。前向きで自信や熱意があるように行動することは、自信や熱意を高め肯定的な動機を強めることになるのです。チャンピオンになりたかったら、チャンピオンらしくふるまえということです。

しかし、行動の背後の動機が一見、行動とは反対の場合、たとえば劣等感から自慢すると、自慢の動機である劣等感はより強くなってしまうのです。自慢話をするのは、自慢しなければ自分に自信がないので、それをごまかすためだとすると、自慢話をした結果もっと自信がなくなってしまうのです。

つまり前向きに見える行動でも、その動機が否定的なものであれば、前向きに行動するということで否定的な考えや感情を強化してしまうということなのです。

飽くなきほど権力や名声を求める人がいます。それはなぜか？　それも行動は背後にある動機となった考え方を強化していると考えられます。

自分はそのままでは価値がないという自己無価値観から名声を強迫的に求める行動をとる。その名声追求の行動が、いよいよ自分は名声なくしては無価値だという感じ方を強化します。

そこで成功しても成功してものどの渇きが増すばかりになるのです。もっと権力を、もっと成功を得たいと、ますます望むようになってしまったりします。だからこそあらゆる名声を得たような人が劣等感から自殺をする時もあるのでしょう。

さらに「説得するための行動は説得者に最大の効果をもたらす」ということもあります。アメリカの刑務所で囚人が囚人に「犯罪を止めなさい」と説得することをさせたといいます。すると「止めなさい」と説得された方ではなく、説得した方が再犯の率は低かったのです。犯罪はするべきではないと人に説得しているうちに自分自身がそう思い出したのです。

「人を助ける人は自分が助けられる」ということもあるのです。しかし、これも気をつけないと、自分が寂しくて癒されたいから、人を励ましたり癒すという行動が強化されてしまうかも知れません。

したがって、行動と動機の原則を活用するには私たち人間の心のからくり、「防衛機制」というものをよく理解しておく必要があります。

人は不安な状況に置かれた時、自分の精神状態を守るため、無意識のうちに防衛機制を働かせます。

防衛規制を用いると、不安が減り、安定感が得られるので、心のバランスや平静をとることができます。しかし通常は正常に働くべきこの機能が固定されてしまったり、過剰に使用されるときには、外界の現実への柔軟な対応を困難にさせ、不適応をもたらすのです。

心のからくり「防衛機制」を理解する

抑圧
非難、嘲笑、拒否をおそれて、無意識のうちに、欲求の表出・充足を我慢すること

抑制
損得勘定を考えて、あるいは状況を勘案して、欲求の表出・充足を我慢すること

合理化
自分の欠点を認めるのが苦痛なので、それを正当化して自他を納得させること

感情転移
ある特定の人に向けるべき感情を、類似の人に向けること

置き換え
坊主憎けりゃ袈裟まで憎い。理科教師に好意をもつ生徒が理科が好きになる心理

知性化
感情をなまなましく表出するのがこわいので、抽象化して表現すること

退行
現状が苦しいので、幼少期に戻って快楽原則にひたりたい心理

逃避
現状が苦しいので、他のものに心的エネルギーを出して苦しさを回避すること

同一化
自分ひとりでは不安なので、自分以外のものと融合した自他一体感をもとうとする

摂取
自分の中に自分以外のものをとり入れて、心の安定をはかること

投影
自分の欠点を正視するのに耐えられないので、自分以外のものに責任転嫁する心理

反動形成
自分の弱さを人に知られたくないので、それを克服すべく他に極端に走ること

補償
劣等感情を克服する方法。直接補償と間接補償がある。建設的な防衛規制

昇華
現実原則の容認するかたちで、欲求を発散すること。建設的な防衛規制

STEP

7

心のゆがみを修正し人間関係をよくしていく

力強く何事かを成し遂げていくには、人生に対して目標を見い出して行動していくことが大切である。

またメンタルタフネスの人は人間関係がよいといわれている。

ストレスにもうまく対応し、自分の心のゆがみを修正していこう。

1　人生の意味を問うのではなく人生からの３つの問いに答えて毎日を生きる

2　６領域で願望を達成していきバランスのとれた人生を創造していこう

3　課題達成を効果的にするためにも人間関係をよくして相手の立場を尊重する

4　「悪いのはあの人だ」と責任転嫁せずに自分にできることを前向きに考えよう

5　やる気が起きないときサイキングアップ法で心のエンジンをかける

6　「心」「身体」「行動・習慣」に現れるストレス反応に効果的に働きかける

7　うつ病の「抑うつ気分」と「興味・喜びの喪失」の症状を見逃してはいけない

1 人生の意味を問うのではなく人生からの3つの問いに答えて毎日を生きる

メジャーリーガーのイチロー選手の小学校の卒業文集には、明確にプロ選手になって活躍することが書いてあるのは有名な話です。プロやオリンピックレベルのスポーツ選手たちは、夢や人生の目的が明確だったりします。

何をしたいかが若いころから明確であると意欲をもってエネルギーをそこに集中でき、大きな推進力・原動力になって、その人の行動力を突き動かしてくれるでしょう。

しかし、一般人が「あなたにとって理想的な望ましい未来や姿とはどのようなものか」と質問されると、

「何をしたいかわからない」と答える人が少なからず出てきます。

「自分は本当に何がしたいのか？」を考えると、

「今の仕事はやりがいもあるし、楽しいけど、本当にやりたいことかと言われると、ちょっと……」という答えになるかもしれません。

もし、あなたもまた、そのように考えているならば、フランクル心理学が、あなたの人生

に新鮮な意味を与えてくれるかも知れません。アウシュビッツ収容所を生き抜いたフランクルは、つぎのようなコペルニクス的転回で人生を考えようとすすめます。

人間が人生への意味は何かと問う前に、人生のほうが人間へ問いを発してきているといいます。だから人間は、本当は生きる意味を問い求める必要なんかないというのです。

・人間は人生から問われている存在である

・だから生きる意味を求めて問いを発するのではなく、人生からの問いに答えなくてはならない

・その答えは、人生からの具体的な問いかけに対する具体的な答えでなくてはならない

つまり、人間は「何のために生きているのか」「この人生に意味なんてあるのか」と悩む必要はこれっぽっちもないということです。

なぜならば、私たちがなすべきこと＝実現すべき意味・使命は、私たちの悩みと関係なく「私を超えた向こう」から、私たちの足下に、つねに、そして、すでに送り届けられてきているからなのです。

「何のために～」という問いの答えは、私たちが何もしなくても、もう与えられてしまっているのです。

だから、私たちがなすべきことは、すでに送り届けられている「意味と使命」を発見し、実現していくことであり、それがつまり、「人生からの問い」に答えるということだといいます。

それゆえ、人間は「自分のしたいこと」ではなく、「人生が自分に求めてきているもの」を発見せよとフランクル心理学は説くのです。

発見され実現されるのを待っている「意味」を探す指標、手がかりとして、フランクルは「3つの価値領域」を示し、次のように自問自答せよと説いているのです。

- **「私は、この人生で、今、何をすることを求められているのか」**
- **「私のことをほんとうに必要としている人は誰か。その人はどこにいるのか」**
- **「その誰かや、何かのために、私にできることには、何があるのか」**

これは、人は、自分のなすべきこと、満たすべき意味を発見し、それに取り組んでいくことで、はじめて心が癒され、生きがいや喜びを得ていくという考え方を基本としています。

そのなすべきこと、満たすべき意味を発見するために、この3つの問いを絶えず念頭に置き、毎日を生きることで、「なすべきこと」、「満たすべき意味」発見の手がかりになるとフランクル心理学は考えています。

人生のほうからあなたに問いかけてきている意味と使命を必死に自問自答してみましょう。

▶ 人生からの３つの問い

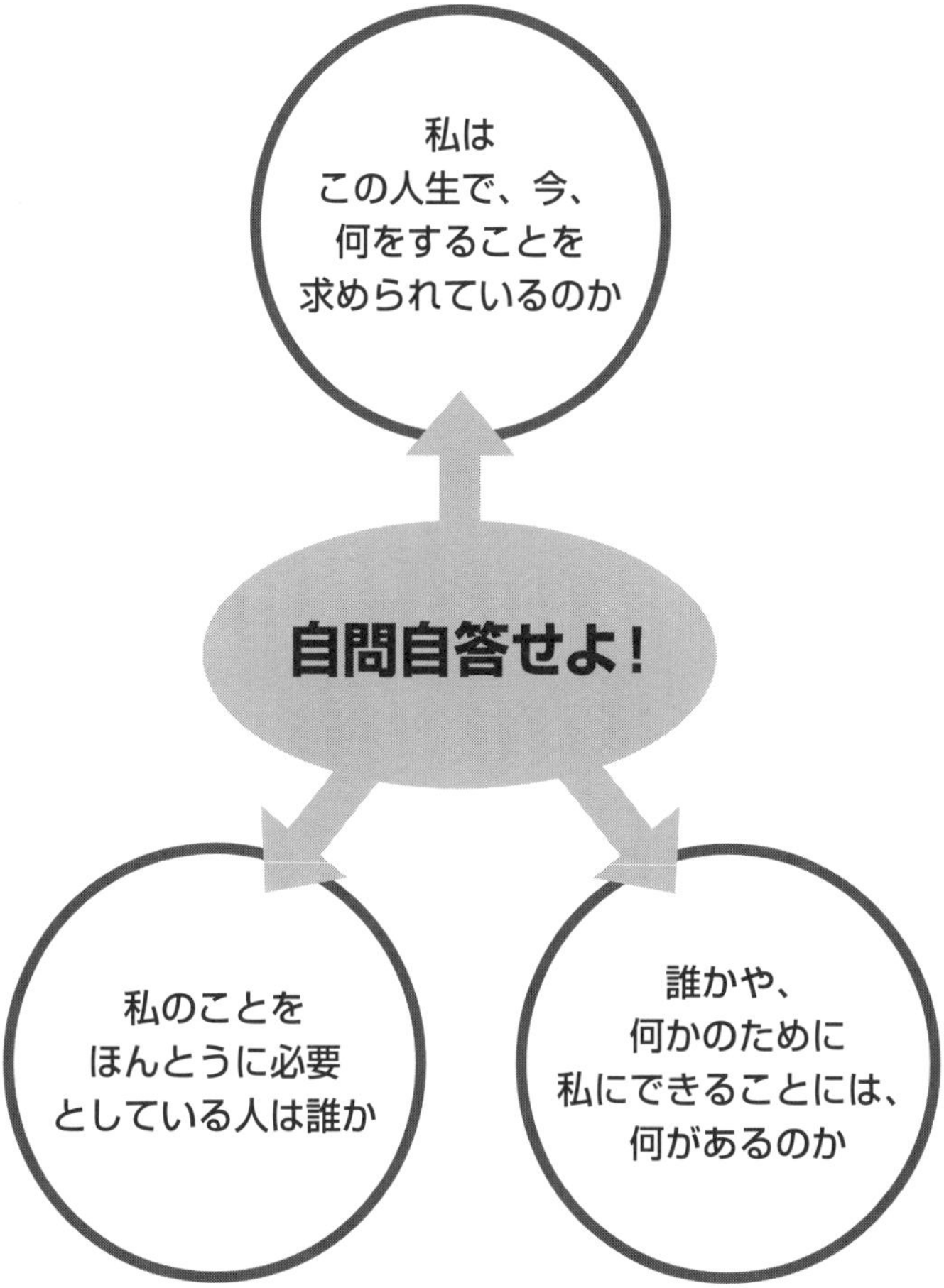
私は
この人生で、今、
何をすることを
求められているのか
自問自答せよ！
私のことを
ほんとうに必要
としている人は誰か
誰かや、
何かのために
私にできることには、
何があるのか

2 6領域で願望を達成していき バランスのとれた人生を創造していこう

私たちは、豊かなバランスのとれた人生を創造するため、何を求めるのか目的や目標をもつことが必要です。私たちの人生の関心事は、次の6つに分けることができます。

①**キャリア**：仕事や職業面ではどのようなことを求めるか。どのような仕事をして何を成し遂げたいか。

②**経済**：収入、貯蓄、資産。現実問題としてどのくらいのお金が欲しいのか。

③**健康**：心身の健康。病気でないというだけでなく、健康増進や心身の充実した気力・体力。

④**家庭、友人、社会**：私たちは人間関係、人との触れ合いで癒されたり、また人に役立つことで生きがいを感じたりする。

⑤**知性、教養、芸術**：人生を豊かにするため、何を学んで、どんな知識を身につけたいか。音楽や芸術も。

⑥**精神性**：心の健康から自己受容、心の充実感、倫理的によい人間である実感、

貢献感、霊性に関すること。

精神性については、WHOでは、健康の定義として、精神の健康に加え、霊性（sprituality）の側面を加えようかどうかで議論が続いています。

霊性の意味は「物質的な性格のものでなく、人間の良心に現れた思想・信念・価値及び倫理、特に高邁な思想の範疇に属する現象」と定義されています。

私はこの精神性の分野は大切だと思うのですが、違和感のある人は、「お天道様に恥ずかしくない人としての生き方」くらいの理解でもいいかも知れません。

これらのそれぞれの分野で何を目的にどんな人生を生きたいかを考えることが大切です。長期的展望に立った場合と中短期展望に立った場合とに分け考えて、仮どめで変更可能なので紙に書いてみてください。

老子の言葉に「かかえきれないほどの大木も小さな種から始まり、千里の道も一歩から始まる」というものがあります。

解決志向アプローチの基本的な考え方のひとつに「小さな変化は、大きな変化を生み出す」というものがあります。

何か願望達成のためには、

・すぐ実行できる具体的行動を設定する

・確実に実践できそうな「スモールステップ」でふみ出す

ことがいいのです。

とりあえず、やってできそうなことは、ハードルが低いので心の負担も少なく、大きな問題に出会ったときでも「何もできない…」とあきらめず「何かできることあるんじゃないのかな」と考えやすくなります。

よく私はプラス5点アップの行動ということを言います。たとえば、選手への指導で、「願望達成までの道のりで達成を100点満点だとすると、今は何点くらいに来ていると思いますか」と訊きます。

答えが「40点くらい」でしたら「とりあえずプラス5点アップするために、何ができますか」とプラス5点アップのための行動、つまりスモールステップの行動をとってもらうのです。

「これだったらできる」と思うことが大事です。そして実際に行動して、成功体験を得ることが後の行動を促進したり、セルフイメージを改善するのでしょう。

スモールステップという言葉の意味は、あくまでも小さな行動、その人が確実にできるささやかな行動で、実際にわずかでも人生に変化を及ぼす一歩をふみ出すことの重要性を教えてくれるのです。

▶ 人生の6分野でわずかでも一歩をふみ出す

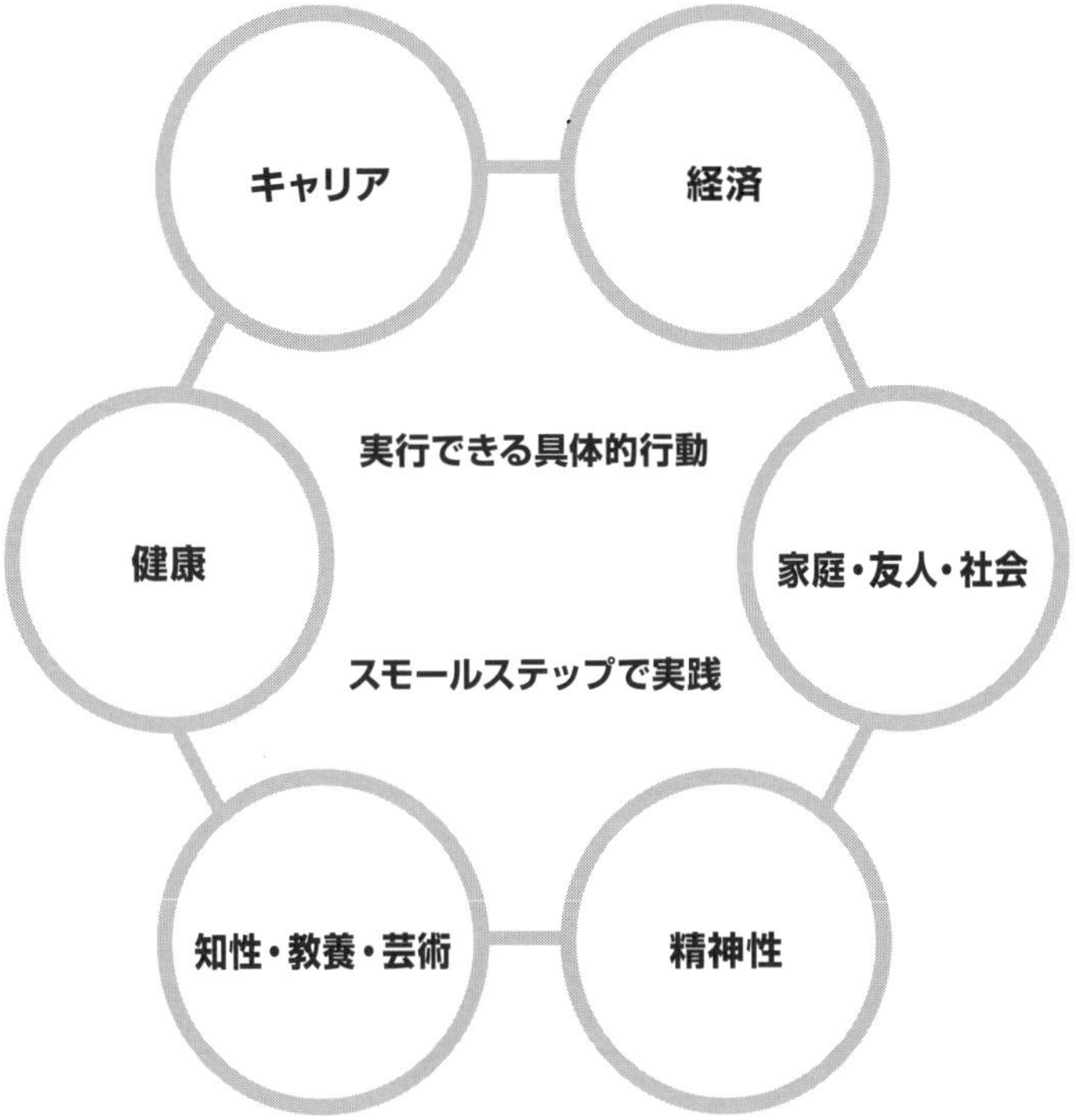

◎それぞれの分野で何を目的にどんな人生を生きたいか考える
◎長期的展望に立った場合と中短期展望に立った場合とに分け考える
◎仮どめで変更可能なので紙に書く

3 課題達成を効果的にするためにも相手の立場を尊重し人間関係をよくする

同じレベルのモチベーションや仕事の能力をもっている2人ならば、長い目で見たならばやはり、人間関係がよい人のほうがうまくいくようですし、幸せな人生を送れると思います。人との関係を改善することによって、あなたの課題達成のための効果性はより高まるともいわれています。

しかし、周りを見るとわがままで自信過剰な人が仕事で成果を出して成功してるというのもお目にかかります。しかし、その人たちは長期的視点で見ると「驕れるもの久しからず」ということが多い気がします。

この意味は「地位・権力・財産・才能などを誇って、思い上がったふるまいをする者は長くはもたない」ということです。

思い上がったふるまいをする人は、人への配慮や思いやりなどを忘れ、人間関係がうまくいかなくなるとも考えられます。

自己中心的になりすぎてエコロジー（自分を取り巻く環境）を無視して、その副作用や反作用が出てくるのでしょう。

また、地位や名誉、財産があっても、温かい人間関係や愛情・友情が得られずに、逆に疑心暗鬼、憎しみ、不信を抱いていては、幸福とはいえないでしょう。

ここであなたの人間関係の基礎力をチェックしてみましょう。左記の項目に当てはまることが多いほど人間関係を築くことができます。

【人間関係の基礎力をチェック】

□相手の考え方や性格、立場を考慮した話をすることができる
□相手の言葉の本音と建前のちがいに敏感に気づくことができる
□いつでも相手の話を聞く側に回ることができる
□自分の弱点や短所に気づいている
□相手の表情や態度を気にかけ、自分の発言の不適切な影響に気づける
□人の目に映る自分の状態に注意するようにしている
□わからないことがあると、こだわらずに人にアドバイスや指導を求めることができる
□初対面の人とも、打ち解けて話ができる
□自分が困っている時、1人で抱え込まず人に相談できる

□自分自身が困った時に頼りになる人のネットワークがある
□人は比較的自分に心を開いてくれる
□会話のキャッチボールを意識して行える
□相手の性格や相手自身と相手の行動や発言とを分けて批判することができる

私たちの人生で、人づきあいや人間関係は大きな意味をもっています。働く人のストレスの原因のトップが人間関係であるといわれ、悩みや心配のタネにもなります。一方で、人生での喜びや幸せ、安心や癒しももたらしてくれます。

職場には、上司や部下、先輩・後輩、同僚などさまざまな人間関係があります。多くの人が悩みを抱える中で、お互いの立場、状況を理解しながら、上手にコミュニケーションをとるには、どうしたらよいのでしょうか。

そのためには、自分の思考・感情・行動の傾向を理解し、あなたの行動がいかに他人に影響を及ぼすかを理解することが大切です。

そして人は違って当たり前なのです。個々人の違いについて、理解、敬意、承認、尊重し、共に生き、働くためどうすればいいか考え、配慮しなければならないでしょう。

人間関係はソーシャルサポートを大切にする

人間関係

大切なソーシャルサポート

私たちが生活する上で、
得ているさまざまな援助や手助け
ソーシャルサポートには
情緒的サポートと実際的サポートがある

情緒的サポート

お互いに心の交流がある
ような人間関係のこと

実際的サポート

何かあったときに実際に
助けてくれるような信頼
できる人間関係のこと

◎たとえ大きなストレスにさらされても良い人間関係があってソーシャルサポートが得られていると、ストレスのレベルは低下し、心身の健康にプラスに働く

◎うつ病が多い職場→忙しいと同時に、人間関係が悪く、ソーシャルサポートのない職場

4「悪いのはあの人だ」と責任転嫁せずに自分にできることを前向きに考えよう

私たちが少しでもよい人間関係を築いていくためには、対人能力やコミュニケーション力を高めることは大切なことです。他人との関係を改善するためには、「ストローク」ということを理解してこれらを実践することが役に立ちます。

ストロークとは「ある人の存在や価値を認めるための言動や働きかけ」と定義されています。人が生活する上で、あらゆる場面でストロークの交換がなされています。

たとえば、朝起きた時の「おはよう」という挨拶もそうです。交流分析という心理学の理論では「人が生きるためにはストロークが欠かせないもの」と考えています。

以下にあげる10の方法は簡単にできるストロークの方法です。家庭でも職場でも使えるものはぜひ試してみてください。

【今日からできる10のストローク】

① 朝会ったら自分から挨拶する

②頻繁に声をかける
③変化に気づいたらそのまま伝える
④3分間は口を挟まず相手の話を聞く
⑤相手に意見や感想を求める
⑥メールはクイックレスポンスで
⑦メールは用件のみでなく、ねぎらいや励ましの言葉を入れる
⑧ちょとしたことも、「ありがとう」「助かったよ」と感謝を伝える
⑨プレゼントをする
⑩別れの挨拶の際のひと言に心をこめる

交流分析では、人間関係の中で、同じパターンを繰り返し、仲間をみんな不愉快にさせてしまう行動様式を「ゲーム」といいます。人間関係でのゲームとは、なぜか、やめられない、おかしな対人関係の様式をいいます。

誰かが嫌な感じを抱いたり、何らかの意味で傷つけられたりして終わる一連の交流です。ゲームを演じる人は、楽しい気持ちの代わりに、怒り、憂うつ、罪悪感、自己満足、悲しみといった不快な感情を何度も何度も自分に招くというわけです。

スポーツチームを指導してよく「悪いあの人かわいそうな私」ゲームに出会います。勝っているときはいいのですが、敗けが混んでくるとこのゲームが始まり、ますますチームの雰囲気は悪くなり勝てなくなるという悪循環に陥ってしまうのです。

お互いが「あいつの責任だ」「悪いのはあいつだ」「自分はかわいそうな被害者だ」と原因や責任を追求し非難するのです。結局、自分の責任じゃないということを言い、そこで終りなのです。問題志向です。原因や責任探しばかりしていると、自分にできることを取り残してしまいます。

大切なのは、問題が起きたら「これは誰の責任か」とかいうことではなくて、「私に何ができるか」ということです。「過去と他人は変えられない、変えられるのは自分と未来」という言葉があります。これは解決志向です。

「私には責任はない、悪いのはあの人だ！　何も自分にはできることはない」と考えないで、現状や問題の原因や責任でなく、どうしたら状況が少しでもよくなるか。自分にできることはないかを考えてみることです。

大それたことでなく、スモールステップならば何かしら「私にできること」が見つかるはずでしょう。私たちが考えなければならないのは、

「私にできることは何か」「どうしたら少しでも良くなるか」という自分ができる建設的な行動なのです。

「悪いあの人かわいそうな私」ゲームをしない

「悪いあの人かわいそうな私」ゲーム

選手たち

「あんな監督のやり方で勝てるわけない。オレたちは頑張ってるのに。選手起用も最悪でみんなやる気なくしてる」

監督

「選手は文句を並べてやるべきことやらない。レベルも低いくせに反発する問題選手ばかりだから勝てないんだ」


「あいつの責任だ」「悪いのはあいつだ」

「自分はかわいそうな被害者だ」

「私には責任はない、悪いのはあの人だ！

何も自分にはできることはない」

▼▼▼

「これは誰の責任か」ではなく「私に何ができるか」

「過去と他人は変えられない、変えられるのは自分と未来」

「どうしたら少しでも良くなるか」を考えよう

5 やる気が起きないときサイキングアップ法で心のエンジンをかける

リラクゼーションの反対の状態にする方法で「サイキングアップ」があります。これは、

・モチベーションが低下していたり、リラックスし過ぎている時に使う
・呼吸や身体、音楽を使って意識的に気持ちを高めて、気分を盛り上げていく

というテクニックです。

スポーツでは、競技の開始前にサイキングアップを行って心を切り替え、自分を最高の状態にもっていく時に行う心理的ウォーミングアップです。

勉強や仕事などをしなければならないのに、今一つ気分が乗らない、やる気が出ない時に試してみましょう。

興奮水準レベルを上げるために、腹式呼吸法とは逆の短く早い呼吸を繰り返し、興奮水準のレベルを上げ、心拍数を増加させます。したがって、軽いジャンプや腕を振るなど簡単な身体運動を行い、気持ちを高めるようにします。

自分の調子のよかった時の姿をイメージしたり、試合で勝ったり優勝した時の感動を思い出したり、自分の気持ちを高揚させる事柄に思考を向けます。

【サイキングアップの例】

- **両手で顔をパン！と叩いたり、大腿部を叩いたり、身体に刺激を与える**
- **「絶対にできる！」「必ずよい仕事ができる！」など気持ちを奮い立たせるためのセルフトークを行う**
- **「今行っているのは、目標や夢に近づくためにやっているんだ！」という目的を明確にし、最終目標を思い起こし、紙に書き出す**
- **実行するそのもの没頭させるようなきっかけを作り、今やることに集中する**
- **本番前に円陣を組み、声を掛け合ったり、大声を出す**
- **本番前にテンションが高まるような音楽を聞いて、気持ちを高める**
- **速いリズムの呼吸で「フッ、フッ、フッ」と強い息を吐く**
- **ジャスミン、バジル、ペパーミント、ローズなどの香りをかぐ**

サイキングアップは、気持が落ち込んでいたり、弱気になっていたりするときに意識的に自分の緊張を高めて気分を盛り上げていくテクニックです。心を戦闘モードに切り変えておく必要があります。

私がメンタルトレーニングを指導していたJリーガーは、サイキングアップのために試合前にドラゴンボールの「摩訶不思議アドベンチャー！」を聞いていました。彼いわく「スーパーサイア人になった気分で試合に臨める」と言っていました。

また、元サッカー選手の営業マンは仕事がうまくいかず落ち込んだ時には、全国高校サッカーのテーマ曲「うつむくなよ　ふり向くなよ　君は美しい…」を聞くと、やる気がよみがえってくると言っていました。

剛柔流空手道には「息吹の呼吸」として流派の基本呼吸法があります。

剛柔流山口剛玄師範は「息吹は、獅子の吼える姿を彷彿させる。動物が敵と格闘する時の身構えには一分の隙もなく、全身の力を格闘に傾注させているが、この姿には人間の考えるような不安も懸念もなく、敵を倒すことだけに一心不乱となっている。それは我欲も邪心も捨て去った、捨て身の姿といってよいものである」と述べています。

この息吹は、高度なサイキングアップといってもよいでしょう。

▶ 心を戦闘モードに切り替える

サイキングアップ

気分が乗らなかったり、気持が落ち込んでいたり、弱気になっていたりするときに意識的に自分の緊張を高めて気分を盛り上げていくテクニック
リラクゼーションの反対の行為

両手で顔をパン！と叩いたり大腿部を叩いたりする

「絶対にできる！」と気持ちを奮い立たせる

目的を明確にし、最終目標を紙に書き出す

本番前に大声を出す

本番前にリズムのある音楽を聞いて気持ちを高める

速いリズムの呼吸で「フッ、フッ、フッ」と強い息を吐く

6 「心」「身体」「行動・習慣」に現れるストレス反応に効果的に働きかける

メンタルタフネスとはストレスに負けずに、何かを成し遂げる強さといった意味です。一般にストレスとは、問題、トラブル、厄介事、困り事などやそれらに出会った経験、また精神的プレッシャー、心配、不安、緊張、悩みなどの意味で使われます。「仕事のノルマがストレスになっている」「子育てがストレスになっている」など、ストレスは、気分や世の中の現象を説明するのに欠かせない用語となっています。

最近では、強いストレスを経験した後、いつまでもそのストレス体験の後遺症に苦しめ続けられる「PTSD（Post Trumatic Stress Disorder）心的外傷後ストレス症候群」という病気も一般的に知られるようになりました。

ストレスという用語は、本来は工学系の言葉です。金属に外側から力を加えるとゆがみが発生し、このとき金属内部には同時にゆがみを元に戻そうとする力が生じます。その力のことをストレスと呼んだのです。

ストレスという用語を医学用語として最初に用いたのはキャノンという生理学者です。その後、セリエという生理学者がその性質を定義し、「汎適応症候群」と名付けたストレス学説を提唱したのが始まりです。セリエは、ストレスを次のように定義しました。

・どんなときでも、生物の身体に何らかの反応を起こさせるものが「ストレッサー（ストレス刺激）」である

・それにより生体に生じる反応が「ストレス（ストレス反応）」である

ストレスは工学系の用語から生理学的用語になったわけです。

そして、その「刺激」と「反応」のありさまが人間の社会的、日常生活的な心理的葛藤の様子と類似していることから、この生理学的用語をもとに「心理社会的ストレッサー」「心理社会的ストレス」という用語が用いられるようになり、今日、生理学から心理学、社会学まで幅広い意味をもつようになりました。

ここではストレッサーという言葉と、ストレスという言葉が用いられています。

日本で使われているストレスという用語にはこの両方の意味、つまり、ストレッサーと、それによって生じるストレスという両方の意味を含んでいます。このことにより、これらの用語の用いられ方に混乱があります。

たとえば、上司から叱られるということは、言葉（正確には表情や態度の視覚情報も）は

「ストレッサー（刺激）」であり、その時あなたの心の中に生じる脅えや不安、あなたの身体に生じる動悸や冷や汗などは「ストレス（反応）」ということになります。

ストレッサーの種類は、大まかに次の種類に分けることができます。

①物理化学的ストレッサー【温度、湿度、騒音、有害物質、電磁波、薬物など】

②生理的ストレッサー【過労、睡眠不足など】

③社会心理的ストレッサー【意見の衝突、期待、欲求不満、役割、対人関係など】

そして、それらのストレッサーは、ストレスとして「心」「身体」「行動・習慣」に現れてきます。

メンタルタフネスとは、狭義ではこれらを「受けとめる力」といってもよいでしょう。広義ではストレスとなる刺激の強度を低く抑えたり、種類を増やさなかったり、効果的に低減、あるいは消去させるための働きかけも入れてもいいでしょう。

心理社会的ストレスを軽減するには、「不合理な信念」とか「認知のゆがみ」といったものを修正することが役に立ちます。

これらが、自分自身を無価値化して無力化し、あらゆる物事に対する意欲や積極性を奪う「自動思考」を生み出す原因となるといわれています。それが過度のストレスや悩み、不快な感情・気分を生み出し、うつ病を引き起こすというのです。

現在の「認知療法」の基本的な考え方の図式である「ＡＢＣ理論」を紹介しましょう。

ストレスとメンタルタフネス

ストレス

問題、トラブル、厄介事、困り事などやそれらに出会った経験、また精神的プレッシャー、心配、不安、緊張、悩みなど

本来は工学系の言葉：金属外側から力を加えて発生したゆがみに対し、金属内部からゆがみを元に戻そうとする力

ストレッサー（ストレス刺激）

身体に何らかの反応を起こさせるもの
上司にしかられる言葉など

社会心理的ストレッサー
意見の衝突、期待、欲求不満、役割、対人関係など

物理化学的ストレッサー
温度、湿度、騒音、有害物質、電磁波、薬物など

生理的ストレッサー
過労、睡眠不足、過労など

ストレス（ストレス反応）

ストレッサーにより生じる脅えや不安、動悸、冷汗などの反応
心・身体・行動・習慣に現れる

メンタルタフネス
ストレスを「受けとめる力」（狭義）
ストレスとなる刺激の強度を低く抑えたり種類を増やさなかったり、効果的に低減、あるいは消去させるための働きかけ（広義）

A（Affairs）＝外界の出来事
↓
B（Belief）＝信念・価値観・固定観念・思い込みなど認知やその枠組み
↓
C（Consequence）＝Bの結果として起きてくる気持や行動

ということで、Aは同じでもBという観念によってCがストレスになったり、ならなかったりするのです。

「外界の事象→認知（思考）→感情・気分→行動」と一致するもので、人間の感情や行動は、現実世界の事実や出来事によって直接惹き起こされるのではなく、その出来事をどのように受け止めるのかという認知や信念によって導かれるとされます。

認知療法はさまざまな手段を駆使して、そのゆがんだ認知を変えていき、「心の癖」を変えていきます。認知のゆがみにはいくつかのパターンがあります。その認知のゆがみに気づくことから始まります。

認知のゆがみについて、左ページに10のパターンを示します。これらの心の癖に思いあたりませんか？

自分の心の癖のゆがみに気づく

1.「全か無か」思考
ものごとを極端に、「全か無か」「白か黒か」に分けて考えようとする傾向のこと

2. 一般化のし過ぎ
1つか2つかの事実を見て、「すべてこうだ」と思いこむ傾向

3. 心のフィルター
すべてを「自分の価値を否定するような種類の悪いもの」というフィルターを通して見てしまうこと

4. マイナス思考
すべて自己否定的かつ自己嫌悪的なマイナスの方向へと解釈してしまうこと

5. レッテル貼り
ちょっとした失敗体験などをもとに、それが自分の本質であるかのように決めつけること

6. 心の深読み
わずかな相手の言動から勝手に心を読み過ぎて、根拠のない結論を下してしまうこと

7. 拡大解釈と過小評価
自分の失敗や短所を重大なことのように思い、成功や長所は小さく見積もってしまうこと

8. 感情的決めつけ
自分がこう感じているのだから、現実もそうであるに違いないと思いこむこと

9.「すべき／せねばならない」思考
何でも「こうすべきだ」「こうあらねばならない」と厳しい基準を作り上げてしまうこと

10. 自己関連づけ
良くない出来事を何でも自分の責任だとか自分に要因があると思ってしまうこと

7 うつ病の「抑うつ気分」と「興味・喜びの喪失」の症状を見逃してはいけない

一般に、企業でよく言われる「心の病」とはうつ病を意味することがほとんどです。うつ病とは、「気分障害」の一種であり、抑うつ気分や不安・焦燥、精神活動の低下、食欲低下、不眠などを特徴とする心の病気です。

国際的に権威ある診断基準（ＤＳＭ－Ⅳ とＩＣＤ－10）では気分障害に分類されます。気分障害というのは、落ち込んだ気分が続いたり、ふつうではない気分の高揚状態が続いて、生活上なんらかの障害が起きている、という意味です。一時期は、「感情障害」と呼ばれていたのですが、喜怒哀楽など、ころころと変わる「感情」よりも、一定期間続く「気分」のほうがふさわしいことから、気分障害と呼ばれるようになりました。

気分障害は、一般的に知られている病名でいえば、「うつ病」や「躁うつ病」のことを指します。しかし、うつ病や躁うつ病には、さまざまなパターンがあります。脳内のモノアミン（セロトニン、ノルアドレナリン、ドーパミンなど）といわれている系統の神経伝達物質の極端な変化によって引き起こされる脳の機能障害と考えられています。

うつ病は従来、心の病気とされてきましたが、脳内に不足している右記のような神経伝達物質の分泌を促進させる薬物療法などが主流になってきています。

しかし、薬物療法で完了するものではなく、それ以外のアプローチの併用が必要であると思います。健康なライフスタイルや効果的なストレスコーピング（メンタルタフネスといってもよいでしょう）、社会的支援を得られるようにすることも大切でしょう。

うつ病は、あまり生活に支障をきたさないような軽症例から、自殺企図など生命に関わるような重症例まで存在します。私の経験では、いわゆるスランプが一定期間続いているスポーツ選手には、軽症のうつ病がかなりいるように思われます。

したがって、私たちも「最近不調だ」「仕事でいきづまっている」「成果があがらないでいきづまっている」などというときは、軽症のうつ病の可能性もあります。

うつ病は、日内変動がみられ、朝方や午前中に症状が強く出ます。男女比では、男性より女性のほうがうつ病になりやすいといわれています。

うつ病の診断基準は、2つの主要症状が基本となります。それは「抑うつ気分」と「興味・喜びの喪失」です。

抑うつ気分とは、気分の落ち込みや、何をしても晴れない嫌な気分や、空虚感・悲しさなどです。興味・喜びの喪失とは、以前まで楽しめていたことにも楽しみを見い出せず、感情が麻痺した状態です。

この2つの主要症状のいずれかが、うつ病を診断するために必須の症状であるとされています。これら主要症状に加えて、抑うつ気分と類似した症状として、「自分には何の価値もないと感じる無価値感」、「自殺念慮・希死念慮」などがあります。

これらのグループの症状をまとめると「気分が落ち込んで嫌な毎日であり、自分には存在している価値などなく、死にたいと思う」という訴えとなるでしょう。

興味・喜びの喪失と類似した症状としては、「気力の低下と易疲労性」、「集中力・思考力・決断力の低下」があります。このグループの症状をまとめると「何をしても面白くなく、物事にとりかかる気力がなくなり、何もしていないのに疲れてしまい、考えがまとまらず小さな物事さえも決断できない」という訴えとなります。

さらにこれらの精神症状に加えて「身体的症状」として、食欲、体重、睡眠、身体的活動性の4つの領域で、明らかな減少または増加が生じてきます。訴えとしては「食欲がなく体重も減り、眠れなくて、いらいらしてじっとしていれない」もしくは「変に食欲が出て食べ過ぎになり、いつも眠たく寝てばかりいて、体を動かせない」というものです。このような状態が2週間以上続いたら専門家に相談することをお勧めします。

▶ 自分がうつ病かどうか自己認識する

うつ病の具体的な症状

1. 気分低下（うつ状態・抑うつ思考）
憂うつ、元気がない、わびしい、くよくよ悲観的に考える、涙を流して泣く、不安感、自分を責める、非現実感、イライラする、焦燥感など

2. 意欲低下（関心低下、行動抑制）
何をするのもおっくう、動作が緩慢になる、注意力・集中力の低下、決断力の低下、仕事の能力低下、対人関係を避ける、社会的関心の低下など

3. 生命力低下
睡眠障害（中途覚醒、早期覚醒）、食欲不振、腹部膨満感、全身倦怠感、疲労感、体重減少、頭重、頭痛、下痢、便秘、インポテンツ、月経不順、口渇、味覚異常、めまい、失神、腰痛、肩こりなど

◎軽症うつ病の主訴は身体症状と睡眠障害

うつ病者の自己認識

	健常者	うつ病者
自分の能力について	正しく評価する	実際より低く評価する
自分の将来について	希望的にとらえる	絶望的にとらえる
周囲との関係について	客観的に考える	迷惑をかけていると考える

【著者紹介】
高橋慶治（たかはし けいじ）
◉——1961年横浜生まれ。駒沢大学大学院修士課程（心理学）、人間総合科学大学大学院修士課程（心身健康科学）修了。柴田クリニック（神経科）臨床心理士、株式会社脳力開発研究所研究員などを経て、現在、株式会社ヒューマックス取締役。
◉——スポーツ、企業、学校教育など幅広い分野で、心理学、行動科学からのコンサルティングやトレーニングを行っている。スポーツ分野では全日本柔道連盟特別コーチ（メンタルトレーニング）、JLPGA（日本女子プロゴルフ協会）新人教育講師、中央大学競泳部メンタルトレーニング顧問、JOC（日本オリンピック委員会）スポーツカウンセラーなどを歴任。
◉——専門領域はヒューマンスキル（カウンセリング／NLP／プレゼンテーション／コーチング）、臨床心理学、ストレスマネジメント、メンタルトレーニング、キャリア開発など。
◉——著書に「9つの質問力」（オーエス出版社）共著、「自分を伸ばす『実践』コーチング」（ダイヤモンド社）共著、「ピア・カウンセリング入門」（オーエス出版）共著、「ラクに生きようと思ったときに読む本」（三天書房）、「NLP神経言語プログラミング」（第二海援隊）など。

【連絡先】
株式会社ヒューマックス
東京都港区白金台3-18-12-602　TEL 03（3445）7611
ULR：http://www.humax-j.co.jp
e-mail：keidou@nifty.com

しなやかで強《つよ》い心《こころ》になるメンタルトレーニング　〈検印廃止〉

2008年10月22日　第1刷発行
2009年9月1日　第2刷発行

著　者——高橋慶治
発行者——境　健一郎©
発行所——株式会社かんき出版
東京都千代田区麹町4-1-4 西脇ビル　〒102-0083
電話　営業部：03（3262）8011㈹　総務部：03（3262）8015㈹
編集部：03（3262）8012㈹　教育事業部：03（3262）8014㈹
FAX　03（3234）4421　振替　00100-2-62304
http://www.kankidirect.com/

印刷所——ベクトル印刷株式会社

乱丁・落丁本は小社にてお取り替えいたします。

ISBN978-4-7612-6559-5 C0030